I0707721

Voluntad de Ser

Fervor de Nación

Voluntad de Ser

Fervor de Nación

Ricardo Alegría Pons

EDICIONES
COMPROMISO
San Juan
Puerto Rico

VOLUNTAD DE SER – FERVOR DE NACIÓN

© 2021, Ricardo Alegría Pons
© 2021, Ediciones Compromiso, San Juan, Puerto Rico

Alberto Medina Carrero, editor

Para inquirir sobre este libro y otros títulos de Ricardo Alegría Pons escriba a ralegte@hotmail.com

Obra de portada: Camisa Negra, Óleo de Rafael Trelles
© 2011, Rafael Trelles

Diseño de la portada: Patricia Alegría Tejeda

Diagramación versión electrónica: JVO

ISBN: 979-854686485-9

ÍNDICE

I. A manera de prólogo 7

Legitimidad y farsa 9

Crítica de la sinrazón política.................................... 13

Voluntad de ser 19

II. La aporía política: ¿Evasión del problema?.............25

La política de la zancadilla.. 27

Teoría de la cara nueva.. 29

Caras nuevas vs. *status*: Inversión de prioridades 35

Beatería política en Puerto Rico 39

La política descafeinada 43

De viejos caminos para una «nueva política» 49

La democracia parda.. 53

III. Los presupuestos de la descolonización.................57

A. Introducción 59

    Exorcizar dioses y demonios cotidianos.............................59

    La individualidad: ¿conquista o perversión? 63

B. Identidad.. 71

    Uso y abuso del concepto descolonización 71

La identidad, la política y el estatus 75

¿Es Puerto Rico diferente? 79

C. Nación 85

¿Existe el derecho a la disolución de una nación? 85

¿Desnacionalización como descolonización? 93

D. Soberanía 97

La soberanía como urticaria 97

Fobia a la soberanía 101

La soberanía: algo más que una formalidad de ley 103

¿Ciudadanía contra soberanía? 107

Ciudadanía forastera 111

¿Soberanía para qué? ¿Soberanía para quién? 115

IV. La falacia de la anexión como descolonización 121

Humpty Dumpty 123

El anexionismo y sus falacias 129

El discurso del mito 137

Desenmascaramiento político 141

V. El colonialismo en tiempos del neoliberalismo 145

Reflejo en el espejo cóncavo 147

Dioses y villanos 151

Reflexiones oblicuas a una crisis 153

El Estado en tiempos revueltos 157

La política en los tiempos del postmodernismo 161

VI. Epílogo **167**

Pensar en grande 169

Derrotar el nihilismo 173

El espíritu de Lares 177

Mesa de Lares 179

I. A manera de prólogo

Legitimidad y farsa

> Unos hombres llamados dirigentes, con meros gestos tribunicios cambian de la noche a la mañana los programas políticos, nos unen (y desunen) a partidos de plataformas antagónicas y todos permanecemos impávidos, con la clásica mansedumbre del cordero de nuestro real escudo.
>
> Antonio S. Pedreira
> *Insularismo*

Hubo un largo trecho en la historia de Occidente, en el cual se exigía una explicación coherente de los fenómenos humanos y sobrehumanos. Las religiones, las ideologías, y ¡cómo no, la política!, según los cánones imperantes, procuraban tener un mínimo de inteligibilidad; había, en efecto, un imperativo de credibilidad que se estimaba imprescindible para imprimirle legitimidad a un mandato político y, en específico, a la obligación de obedecer. Hasta el *Leviatán* de Thomas Hobbes, tratado político paradigmático del autoritarismo, se aviene a estas exigencias cuando estima necesario fundar la autoridad absoluta del soberano en un consentimiento de los súbditos-ciudadanos. El liberalismo democrático, si bien en estricto sentido formalista guardó siempre con mucho escrúpulo el principio de legitimidad del poder político, considera imprescindible fundar la autoridad del soberano en un consentimiento.

Este preámbulo me parece necesario y oportuno, por cuanto el abordar el fenómeno político, sobre todo la correspondencia entre poder y legitimidad, que en un contexto democrático-liberal son presupuestos de la obligación de obediencia del ciudadano al soberano. Va siendo cada vez más evidente una acelerada erosión (tal vez debería decir descomposición) de estos principios. Y lo más notable, por desalentador, sin aparente reparo por los responsables ni contestación por parte de los afectados. La mutación va cobrando carácter de hecho consumado; peor aún, de uso y costumbre (en este caso del uso y abuso del poder político) que se toma por normal. Llegado a este punto, la farsa cobra visos de legitimidad.

Hasta hace muy poco, el concepto político mandato era concebido como la esencia de la legitimidad del gobernante. En un régimen que se precie de democrático el *quid pro quo* del voto del ciudadano obliga al soberano a darle cumplimiento a lo prometido a este como promesa de campaña. Tal vez estamos asistiendo (¿debería decir padeciendo?) una absorción/transmutación de los mores (¿debo decir valores?). Solo así podríamos intentar comprender con un mínimo de coherencia esta mutación de la legitimidad en farsa. La adopción incondicional de la figura del dolo bueno y su inserción en lo político ha sido su Caballo de Troya.

Sobre la figura del dolo bueno, Colin y Capitant dicen lo siguiente:

Sin duda, hay muchos casos en que la alegación mentirosa no es por sí sola equivalente al dolo. Ocurre esto principalmente en las exageraciones del vendedor que alaba su mercancía, si, como decía Domat, «solo son estas sutilezas de que el comprador puede defenderse y de las cuales no depende la venta». Y, en efecto, el comercio no puede prescindir de un cierto arte del engaño, que no es más que una habilidad permitida, *dolus bonus,* decían los romanos, arte que los tribunales se muestran inclinados a excusar ampliamente.

Colin y Capitant,
Curso elemental de Derecho Civil,
Tomo Tercero, Ed. Reus, pág. 633,
Madrid, 1943

Claro, lo que es natural y «aceptable» en el ámbito empresarial, extrapolado al mundo político es sencillamente una aberración.

¿Será aprehendida esta con la misma laxitud?

Crítica de la sinrazón política[1]

I

Pienso que habría que escribir la crítica de la sinrazón política o, quién sabe, tal vez no, porque la vivimos y sufrimos a diario y no necesitamos que se nos recuerde. Ya en el pasado el verbo airado de un Luis Palés Matos o un Hugo Margenat Mediavilla —póngase por caso— han dado cuenta en su particular poética visceral de esa sinrazón política que nos desgobierna y en la que se nos va la vida. La ironía en Nemesio Canales o la pluma entintada en bilis de don Luis Bonafoux hurgan en la misma llaga. La comedia, como la tragedia, son denuncia y paliativo a la impotencia.

No, tal vez no esté de más —o incluso nos sea imprescindible como tabla en naufragio— esta crítica de la sinrazón política que nadie aún se aventura a escribir porque a lo mejor nos pasa como a aquel escritor que escribía en prosa sin saberlo. La costumbre crea hábito. El hábito hace Derecho, y la mentira, a fuerza de repetirse, se toma por cierta. He ahí el primer reto para el crítico de la sinrazón política. La falsa representación. La politiquería se hace pasar por política, usurpando sus fines y propósitos legítimos, trastocándolos, y de paso pervirtiéndolos. Así priva y se promueve el interés

---

[1] Publicado originalmente en el semanario *Claridad*, edición del 15 al 21 de marzo de 2007.

particular como falsa representación de la voluntad general (como en el reciente plebiscito).

Luego, las bestezuelas «políticas», que según la teoría política democrática son representantes o fideicomisarias del soberano —que es el Pueblo— (recuérdese la célebre expresión del abate Sieyes: «¿Si ese pueblo pudiera reunirse y expresar su voluntad, ustedes meros representantes osarían disputársela?») también se muestran totalmente incapaces de proteger el derecho a la vida y seguridad de sus ciudadanos. Al menos, desde Tomás Hobbes a esta parte, la razón de ser del Estado es precisamente la protección de la vida y hacienda de sus súbditos. Para evitar esa incesante lucha de todos contra todos (que en nuestro país resulta en el absurdo de más bajas humanas a causa de las balas ensañadas que en un conflicto bélico). Los impersonificadores del gran Leviatán de Tomás Hobbes son incapaces de proteger la vida y hacienda de sus ciudadanos.

En resumen, los fines, propósitos y valores de la política están desatendidos en Puerto Rico. Su impostura, la politiquería, discure por otros cauces donde invariablemente impera el interés particular (y privativo) de los gobernantes, en detrimento de la voluntad general de los gobernados. Para desfacer este entuerto tan calamitoso hay que comenzar por encauzar la politiquería vigente en política. Como decía Betances, para hacer una tortilla, hay que romper los huevos. Es vital aquí que los cocineros no sean impostores.

II

El viejo caduco no se consuela de morir, por
fresco y vigoroso que pueda ser el muchacho que ve
dispuesto a reemplazarlo. Los cuerpos políticos, como
los cuerpos naturales, se defienden, mientras pueden,
del último momento.

Emmanuel Sieyés
¿Qué es el Tercer Estado?

Un fantasma recorre Puerto Rico: el fantasma de
la sociedad civil organizada. Todas las fuerzas de la vieja
política patrocinalista se han unido en santa cruzada para
acosar a ese fantasma. Ante el reto formidable que
presagia nada menos que una revolución en el proceso
político puertorriqueño, sus beneficiarios experimenta-
ban el terror del animal herido que olfatea la proximidad
de su cazador. El presentimiento de finitud los exaspera
al extremo de violentar sus propias reglas (léase legalidad). Los comisionados electorales de esa vieja política
soslayan su propio reglamento. El Tribunal Supremo
bendice el entuerto, saltándose el principio elemental de
Derecho que establece que una controversia que no está
madura no es justiciable (inscripción de un partido, en
ausencia de una certificación de la C.E.E. de que el
partido que le hace la solicitud, en efecto, no quedó
inscrito).

Este miedo al abismo es natural en los patro-
cinadores y beneficiarios de esa vieja política patrocinalista enquistada en la dependencia y el paternalismo

que por tiempo inmemorial se nos ha vendido como normalidad, como la única política posible. El modelo de los impostores es sencillo. Ha bastado adoptar el esquema de la metrópoli con la colonia: en ambos, la usurpación de la soberanía y absoluta falta de respeto por la voluntad general son premisas operacionales fundamentales. Por eso, un reto a la vieja política patrocinalista necesariamente es un reto a la relación política colonial que subyuga nuestra soberanía y voluntad general. Un golpe a la vieja política patrocinalista, por fuerza, es también un golpe a la relación colonial. Por otro lado, un imperio tan preocupado por el aumento poblacional de las minorías y su amenaza a la hegemonía anglosajona blanca protestante percibiría una seria posibilidad de contagio a su política doméstica domeñada de demócratas y republicanos por estas fuerzas políticas atípicas y contestatarias de su colonia.

III

> Puesto que una gran nación no puede reunirse ella misma en realidad todas las veces que circunstancias fuera del orden común pudieran exigirlo, es menester que confíe a los representantes extraordinarios los poderes necesarios en esas ocasiones. Si pudiera reunirse ante vosotros y expresar su voluntad, ¿osaríais disputársela porque no la ejerza en una forma más bien que en otra?
>
> Emmanuel Sieyés
> *¿Qué es el Tercer Estado?*

Sin prisa pero sin pausa, la sociedad civil se organiza. La amenaza al proceso político de la vieja política patrocinalista es inminente. No se trata ya de la alternancia en el poder para usufructo y prebendas a sus benefactores. Se trata de una contestación a esa política pervertida que ha usurpado al ciudadano de su soberanía, que ha ignorado su mandato, como en el reclamo de la unicameralidad, que ha abusado de la voluntad general, como en los continuos aumentos de sueldo, dietas y contratos de los llamados «representantes» de ese ciudadano (en teoría su mandante) al que carga y ahoga con tributos. Se trata de una política atípica. Su agenda es en extremo sencilla: encarrilar ese proceso político pervertido en lo que debiera ser y no es. Sugiero aquí la relectura de Emmanuel Sieyés. En su obra clásica *¿Qué es el Tercer Estado?* escribía:

1.   ¿Qué es el Tercer Estado? Todo

2.   ¿Qué ha sido hasta ahora en el orden político?
Nada.

3.   ¿Qué pide? Llegar a ser algo

(Sustitúyase Tercer Estado por pueblo puertorriqueño, para mayor comprensión.)

En fin, lo que debiera ser, que el mandatario no usurpe la voluntad general del Pueblo, que es el soberano.

Por supuesto, el reto es inmenso (requerirá de parte de las diversas organizaciones de la sociedad civil la más estrecha colaboración, solidaridad y, sobre todo, desechar todo afán caudillista, para lograr la unidad) pero es la única alternativa real para superar lo existente.

Voluntad de ser[2]

Opiniones sobre el sentido de la libertad hay muchas, pero quizás pocas tan precisas y concisas como la del escritor francés Paul Nizan cuando expresa que *«la libertad es un poder real y una voluntad real de querer ser uno mismo»*. (Paul Nizan, *Aden Arabia*, Ediciones Paradigma, Barcelona, 1991, p. 103).

Ignorando, o quizás, por el contrario, muy consciente de la conocida dicotomía de Benjamin Constant entre la libertad de los antiguos y la libertad de los modernos - que llevó a Rousseau a lamentarse de que *«los hombres políticos antiguos hablaban continuamente de las buenas costumbres y de la virtud; los nuestros no hablan más que del comercio y del dinero»*. (Ver Umberto Cerroni, *Introducción al pensamiento político*, Ed. Siglo XXI, 27 ed., México, 2004, p. 10); y a Francisco Umbral, a preguntarse si el individualismo es una conquista o una perversión de la cultura (Francisco Umbral, *Mortal y rosa*, ed. Destino, Barcelona, 1975, p. 120); lleva al autor de *Aden Arabia* a inquirir si el hombre no será nunca otra cosa que un personaje histórico:

Siempre se me ha dejado creer que los hombres tenían espesor; creo que hay algo que les

---

[2] Publicado originalmente en el semanario *Claridad*, edición del 8 al 14 de junio de 2017.

impide ser opacos como auténticos hombres, como esos de los que se habla, por ejemplo, en la Historia, en la poesía. Por lo tanto, ¿el hombre no será nunca otra cosa que un personaje histórico?" (Nizan, *op cit. p. 137*)

Ahora bien, soslaya Nizan que el sujeto al cual se refiere en su ensayo *Aden Arabia* no es cualquier hombre; es un hombre colonizado. Y para un colonizado, la libertad, lejos de ser la voluntad de querer ser uno mismo, es justo lo contrario: el deseo de convertirse en su némesis.

Albert Memmi, en su *Retrato del colonizado*, afirma que: *«La primera tentativa del colonizado es cambiar de condición, cambiando de piel».* Y añade que *«Para* [el colonizado] *asimilarse, no es suficiente despedirse del propio grupo; es preciso penetrar en otro: entonces encuentra el rechazo del colonizador».* (Albert Memmi, *Retrato del colonizado*, Ed. de la Flor, Buenos Aires, 1973, pp. 126 y 129).

J. A. Obieta Chalbaud ha definido como alienación étnica al fenómeno por el cual una persona o grupo pierde consciencia de su propia identidad étnica y de su pertenencia a un pueblo determinado. (J. A. Obieta Chalbaud, *El Derecho a la autodeterminación de los Pueblos*, Ed. Universidad de Deusto, Bilbao, 1980, p. 41). Este rechazo al colonizado por el colonizador se hace más evidente en la medida en que lo considera un extraño que no comparte su mismo idioma, cultura e idiosincrasia. El aspirante a la asimilación debe ser consciente de que *«una cosa es lo que uno piense que es y otra cosa es la idea que los demás tienen de nosotros»*. (Joaquín Blanco Ande, *El Estado, la Nación y la Patria*, Ed. San Martín S.L., Madrid, 1985, p. 270).

Esto necesariamente nos retrotrae al fenómeno de las dicotomías tan omnipresentes en una situación colonial, donde el hecho formal es sobrevalorado y el hecho material obviado. Así ocurre que la Nación, construcción natural surgida y desarrollada al calor de los anhelos y desvelos de generaciones de puertorriqueños, es contrapuesta a una ciudadanía impuesta en 1917. Así, por ejemplo, en un plebiscito, un ciudadano norteamericano en Puerto Rico —independientemente de su origen, identidad y compromiso con Puerto Rico— es considerado sujeto legítimo para elegir el futuro destino político de la nación puertorriqueña. ¿Sería ilógico pensar a quién tendría lealtad un ciudadano norteamericano naturalizado en una elección entre la anexión o la independencia?

Rafael Garzaro lo expone con meridiana claridad:

Los únicos verdaderamente interesados y consientes de la situación que se les consulta son los que la están viviendo. Los que la siguen de lejos o que la viven a cierta distancia porque no son parte natural de esa población no tienen la misma consciencia que los di-

rectamente afectados por los resultados... la adquisición artificial de derechos plenos (naturalización) tampoco impregna a los individuos de ciertos elementos que solo los nativos poseen. Aunque las leyes establezcan una paridad entre naturales y naturalizados, las diferencias profundas subsisten. Por ley, se puede adquirir la ciudadanía, pero no la nacionalidad. (Rafael Garzaro, Plebiscito y Referéndum, 50 Revista del Colegio de Abogados de Puerto Rico, 1989, p. 7).

A diferencia de una ciudadanía por naturalización, una Nación no es el resultado de un contrato o de una convención. Ya desde la antigüedad quedó establecida la diferencia entre la sustancia (en este caso la nación) y el accidente —que no forma parte de la sustancia. Al imponérsele a los puertorriqueños la ciudadanía norteamericana en 1917, en contra de la voluntad de sus legítimos representantes (Cámara de Delegados y Comisionado Residente), ya la nación puertorriqueña estaba formada.

No hubo consulta a los puertorriqueños en 1898, en 1917 se conculcó el deseo expreso de sus legítimos representantes, en 2016 se nos impuso unilateralmente el régimen **PROMESA** y ahora se impone el territorio como supuesta opción en un plebiscito que irónicamente se titula «Ley para la descolonización inmediata de Puerto Rico».

Tratándose, en rigor, el derecho a la autodeterminación de «un derecho humano colectivo, cuyo sujeto directo e inmediato es el Pueblo en cuanto colectividad», y siendo «pues, el Pueblo como tal, y no cada una de las personas que lo constituyen, el que posee el derecho de autodeterminación». (J. A. Obieta Chalbaut, op. cit, p. 89). ¿Cabría a una generación dada el derecho a la disolución de una nación? Y si, como afirma Paul Nizan, «la libertad es un poder real y una voluntad real de querer ser uno mismo, ¿se obtiene la libertad renegando de nuestra nacionalidad? ¿Intentando cambiar de piel, como dice Memmi?

En definitiva, no podemos concebir la descolonización como desnacionalización.

II. La aporía política: ¿Evasión del problema?

La política de la zancadilla[3]

No hay mucha tela de dónde cortar, y menos aun, mano libre en un proceso político donde las grandes decisiones están fuera del ámbito de los puertorriqueños.

La impotencia persistente en este estado de situación, por necesidad o por pudor, deviene en conformismo. El pensador político alemán Carl Schmitt diría que «la satisfacción con la realidad tal como aparece y la aceptación de sus relaciones fijas y estables hace del hombre indiferente a las aún no realizadas potencialidades que no están dadas con la misma certeza y estabilidad».

En consecuencia, el ciudadano puertorriqueño confunde esta pobre y limitadísima esfera de acción permitida por la metrópoli imperial a la política puertorriqueña con esta patética política de la intrascendencia que se ha entronizado como natural en nuestro país.

La rutina de la zancadilla y del divide y vencerás incide en la negación de la apertura, el diálogo y el consenso. Pero, esto, sencillamente, no es política; es otra cosa, quizá más cercana a la guerra de todos contra todos de la cual hablaba Tomás Hobbes. No tenemos

---

[3] Publicado originalmente en el semanario *Claridad*, edición del 5 al 11 de julio de 2007.

libertad para discrepar de la metrópoli imperial. Tampoco igualdad ante la ley, como ha expresado el propio Secretario de Justicia. Ahora, con esta política de la zancadilla. Tampoco tenemos fraternidad o solidaridad, o sea, nada de lo que ha definido el espíritu democrático de 1789 a esta parte.

La política puertorriqueña para el nuevo milenio tiene en su agenda el imperativo de demostrar que la práctica política es mucho, muchísimo más que la miseria a la que nos condena a diario la metrópoli imperial en virtud de un poder constituyente impuesto, lo que inevitablemente se traduce en ausencia de soberanía para tomar esas decisiones políticas trascendentales. Mientras tanto, esta política trivial de la zancadilla es, no cabe duda, su método del divide y vencerás, y su perenne perdedor el pueblo puertorriqueño.

Teoría de la cara nueva[4]

Una nueva teoría política arropa al país con la fuerza de un huracán tropical. Y en Puerto Rico, isla al fin, la novelería, más que bienvenida, suele ser llevada a categoría de fetiche. Es decir, hay en esto, no quepa duda, mucho de artículo de fe. Pero, cuando las expectativas de esa fe no se cumplen, la novelería se esfuma y surge el desencanto.

Hagamos un poco de memoria histórica, que nunca viene mal, y recordemos la suerte que corrió don Diego Salcedo cuando se les agotó a los taínos la novelería de las caras nuevas. Y recuérdese asimismo que otro desencanto similar, aunque hay que decirlo, menos elocuente, fue suscitado unos siglos más tarde por otra cara nueva: el general Nelson A. Miles. No cabe duda de que la famosa proclama de este ha pasado a la historia como una de las tomaduras de pelo colectivas más grandes de los tiempos modernos. Una cara nueva que se expresa sobre ella, independientemente de si se expresa a favor o en contra, deja automáticamente de ser una cara nueva. Porque los asuntos relacionados con el *status* son materia de los políticos, no de las caras nuevas.

---

[4] Publicado originalmente en el semanario *Claridad,* edición del 21 al 27 de febrero de 1992.

Queda claro, pues, que el fenómeno de la cara nueva es más viejo que andar a pie. Lo que, en cambio, resulta nuevo es su elevación a categoría teórica-política. Algún politólogo habrá ya que se refiera a esta teoría de la cara nueva como la mayor aportación puertorriqueña a la teoría política occidental desde la santísima trinidad de la común ciudadanía, común moneda y común defensa (a la que los incondicional-anexionistas quieren sumar el común idioma). Aportación esta tan significativa como la que en su día representó la teoría de las dos espadas expuestas por el papa Gelasio I en el siglo V, solo que la teoría de las tres comunidades (ciudadanía, moneda y defensa) la supera, por corresponder en número a la santísima trinidad. Ese desbalance numérico inherente a la teoría de las dos espadas fue subsanado mucho más tarde, como es harto sabido, por Montesquieu, quien, al formular la teoría de la división de poderes, se aseguró de que estos poderes fueran exactamente tres, para hacerlos corresponder con el número de la santísima trinidad.

Volviendo a nuestra teoría de la cara nueva (teoría política anónima, como tantas grandes obras, aunque hay quien se la atribuye a *El Nuevo Día*) no faltará algún incauto que intente desmerecerla, puntualizando que, a diferencia de la teoría de las tres comunidades, esta no ha previsto para el número trinitario, como se ha visto, indispensable para configurar una teoría política por el libro.

Pero, se equivoca el incauto que así opine, por cuanto el requisito de triada, presente en toda teoría política que se precie de serlo, reivindicado como se ha visto, tanto en la teoría del balance de poderes de Montesquieu como en la comunidad de poderes del E.L.A., no tiene que surgir de manera explícita, sino que también puede estar presente de modo implícito. Y este es el caso de la teoría de la cara nueva.

¿Acaso no supone esto ya de entrada una novedad? En la teoría de la cara nueva, en la que la novedad es el valor supremo, la novedad se muerde el rabo, por cuanto, a diferencia de las grandes teorías políticas, la trinidad no aparece ya de forma explícita, sino implícita.

Aparece implícita en los requisitos que deberá cumplir todo candidato a cara nueva. Porque, antes de poder aspirar a ser cara nueva, el candidato deberá haber emulado a esos tres monitos que se nos representan respectivamente con los ojos, la boca y los oídos tapados. (¡He aquí la trinidad!).

Absorto en estos pensamientos, un día, por casualidad, tropezamos con el «asesor de medios/relacionista público», autoridad indiscutible en caras nuevas. El accedió con gentileza a contestar nuestras preguntas. Por fortuna, persona muy profesional en su trabajo, llevaba consigo una grabadora en la cual quedó constancia de esta conversación.

—El político —dice con desdén— no es una cara nueva. Los políticos están muy mal vistos; además, están pasados de moda.

—Pero, ¿entonces el cara nueva no es un político?

—Ni remotamente —(nos replica con mueca de asco)— es otra cosa. Algo **nuevo** —nos resalta con énfasis, dándole entonación especial a nuevo.

Claro está (pensamos), siendo el fuerte del asesor de medios/relacionista público los comerciales de jabón desinfectante (como él mismo nos confesó) no es nada de extrañar, entonces, que el cara nueva parezca más un jabón desinfectante que un político.

—¡Que no lo compare más con un político, le he dicho...el cara nueva es otra cosa —insiste ahora un poco contrariado.

—¿Y de qué cosas habla el cara nueva? —le preguntamos.

—El cara nueva mientras menos hable, mejor, pero, si se ve obligado a hablar, nunca deberá hablar de política.

—¿Y eso por qué?

—Porque ya le he dicho que la política está mal vista y además pasada de moda.

—Oiga, señor asesor de medios/relacionista público, ¿y qué me diría usted de Muñoz Marín, Ferré, Romero Barceló y Hernández Colón?

—Qué quiere que le diga. Todos esos son políticos. Yo me especializo en caras nuevas.

Entonces, mira al vacío y suspira:

—¡Es tan difícil ser cara nueva en este país! Un país tan contaminado por la política. Créame, no es fácil, no es fácil —repite, a la vez que, para hacer más énfasis, mueve la cabeza de un lado a otro.

Me despido del asesor de medios/relacionista público, con el convencimiento de que lo peor que podría ocurrirle a este es que su cara nueva se le contagiara con la política de este país.

Caras nuevas vs. *status*:
Inversión de prioridades

Pocas veces una frase tan traída y manida se muestra en el fondo tan hueca y vacía. Porque, en efecto, hay en esto de la cara nueva un afán que no guarda proporción con la realidad. La cara nueva, a fin de cuentas, no entraña otra cosa que una esperanza —cierto que, como decía Graham Greene: «La esperanza es un instinto que solo el razonamiento humano puede matar».

Sin embargo, no haría falta reflexionar mucho para percibir que esa esperanza irracional en ese fenómeno llamado cara nueva desvela ya expectativas de cuasi deidad. Solo que, en el plano político a diferencia del plano teológico, no se operan milagros.

Es un hecho, nos parece históricamente comprobable, que, en tiempos de decadencia, aumenta la demanda por salvadores, y tanto en el plano teológico como en el mundano, es una ley que la demanda crea a su vez oferta. El problema, claro está, es que esa decadencia no está en la sábana de fulano o zutano, gobernante de turno. La decadencia es tanto de la vieja política colonial como de la anacrónica política imperial metropolitana. Y aquí como allá una cara nueva no tendría mayor trascendencia porque se requiere de nada menor de un cambio cualitativo para trastocar esa política desbancada y en bancarrota que ha traído estos lodos.

Siempre nos ha parecido de lo más curioso toda la glosa que el incondicional-anexionismo hace del voto presidencial, cuando apenas un 30% de los nortéamericanos acude a votar por su presidente (¡vaya sufragio universal!). Una sociedad política que tiene que recurrir a la gracia histriónica de Madonna para instar a sus ciudadanos a votar por su gobernante da qué pensar. (El Nuevo Día, 19 de oct. De 1990, pág.20).

No es nada de extrañar, entonces, que, para una sociedad tan poco instruida en términos políticos (pese a la propaganda autofabricada en sentido contrario), los telescopios enfocados hacia el otro lado del estrecho de Bering no le permitieron —como a un astigmático— advertir que el verdadero peligro que corría esa sociedad era más uno interno que externo. Los múltiples problemas sociales larvados en la nación más rica y poderosa del orbe eran perceptibles a simple vista allí en sus calles y barrios. Pero, los ojos estaban enfocados a otros rumbos y los recursos dirigidos a otros objetivos por mucho más distantes y remotos.

Con el desmembramiento de la URSS, los norteamericanos salieron de una modorra a lo Rip Van Winkle a descubrir de repente que China ya le había rebasado como potencia industrial y que Alemania, apenas ayer reunificada, ya representaba un competidor de cuidado en el mercado internacional.

En esta coyuntura en la cual se confirma el declive irreversible de la nación norteamericana resulta no menos frívolo que quemar incienso a caras nuevas pretender que el problema del status —piedra angular de nuestras penurias— no es importante. Como decía Gordon K. Lewis: «Los puertorriqueños no nacieron con el complejo del status; este les fue impuesto desde fuera».

En rigor, el problema del status no entraña otra cosa que el problema de la soberanía. Es decir, el poder de los puertorriqueños para lograr aprehender y afrontar sus problemas (y en ello lógicamente van incluidos los problemas sociales). Archisabido es que, en virtud del art. 9 de la Ley de Relaciones Federales, el Congreso norteamericano ejerce su jurisdicción sobre Puerto Rico en prácticamente todo asunto de importancia, tales como nacionalidad y ciudadanía, emigración e inmigración, aduana, fletes y embarques, moneda, comercio exterior, correos, patentes, leyes de cabotaje, relaciones exteriores, jurisdicción de tratados, servicio militar, declaraciones de guerra, aviación, espacio aéreo, derecho del mar, guarda costera, puertos y aeropuertos, minas, suelos y subsuelos, medios de comunicación, relaciones laborales, programa de seguro social, carreteras, constitucionalidad de las leyes.

¿Acaso estaremos abocados a que con el asunto del status nos suceda algo semejante a lo que le ocurrió a Estados Unidos? Hasta donde se sabe, el astigmatismo no es contagioso.

Beatería política en Puerto Rico[5]

Con la beatería política hemos topado. La beatería política es la fase superior del fanatismo. Es incuestionable la estrecha relación entre la teología y la política. Hace unos siglos, el siempre engorroso problema de la legitimidad para gobernar solía resolverse invocando supuestos derechos divinos del monarca. En esto descansaba la justificación del poder. Y el poder no es otra cosa que la capacidad de producir los efectos deseados sobre otros.

El problema es que la legitimidad en la teología descansa en la fe, a diferencia de en la política, en la que desde la edad moderna se afinca, o debería, en la razón.

Sin embargo, parecería ser cierta aquella expresión en el sentido de que: «La tradición de todas las generaciones muertas oprime como una pesadilla el cerebro de los vivos». (C. Marx, *El dieciocho brumario de Luis Bonaparte*).

Carl Schmitt, quien tituló un texto importante *Teología política*, afirma que «todos los conceptos sobresalientes de la moderna teoría del Estado son conceptos teológicos secularizados». Precisamente, en esa obra,

---

[5] Publicado originalmente en el periódico *El Nuevo Día*, edición del 25 de agosto de 2017.

desarrolla el autor su concepto del decisionismo, abordado y extrapolado a nuestro muy particular entorno por José M. Atiles Osoria en su libro, *Apuntes para abandonar el derecho: Estado de excepción colonial en Puerto Rico* (Editorial Educación Emergente, Cabo Rojo, Puerto Rico, 2016), texto merecedor de la mayor atención, por su actualidad.

Y es que, en el decisionismo, concepto medular de C. Schmitt en su *Teología política*, la legitimidad palidece; incluso se muestra intrascendente ante el decisionismo. Toda norma deriva de una decisión previa. En realidad, las normas, el Derecho están subordinados al poder de hecho, al poder *de facto*.

Es en la imposición de una decisión en un caso excepcional donde se advierte con mayor nitidez el problema de la soberanía: «La excepción es más importante que el caso normal. Lo normal nada prueba; la excepción todo; no solo confirma la regla, sino que esta vive de aquella», según Schmitt. Para este, el atributo más genuino de la soberanía es la facultad de derogar la ley vigente.

Llegados a este punto, es incuestionable la pertinencia del texto de C. Schmitt aludido.

El régimen impuesto por la letra y la práctica en la Ley PROMESA, vencido algún pudor inicial en el Congreso de Estados Unidos, borra definitivamente el simulacro de legitimidad del llamado convenio proclamado en su día con bombos y platillos en la O.N.U. por Estados Unidos.

El efecto descarnado de ello no es otro que el regreso sin enmascaramiento al origen crudo de su poder sobre la colonia desde 1898, con sus cañoneras, al palio, no hay que olvidar, del teológico Destino Manifiesto.

Frente a realidad tan cruda, como dice J.P. Sartre en su magistral prólogo a *Los condenados de la Tierra*, al nativo no le queda más que una alternativa: la servidumbre o la soberanía.

Con todo, lo más desconcertante es que, a pesar de que desde los tiempos del cacique Urayoán se descubrió que los colonizadores también eran mortales, que no eran dioses, al confrontarse con el régimen de la ley **PROMESA**, prevalece en muchos puertorriqueños la actitud, más beatífica que política, de *«manda fuego, Señor, que nos lo merecemos...»*.

La política descafeinada[6]

I.

Una situación colonial es siempre una relación asimétrica entre la metrópoli y la colonia, en la cual la primera rentabiliza con creces su beneficio en relación con su gasto de operación. Si sus gastos resultaran mayores que los beneficios, no sería negocio para la metrópoli mantener su colonia.

Ha sido ampliamente documentado cómo la economía de la isla se afectó a raíz de la invasión norteamericana de 1898, al situar a Puerto Rico dentro de las barreras arancelarias norteamericanas, privar la industria del café de sus principales mercados europeos, y la devaluación de la moneda en curso.

Más recientemente, economistas como Francisco Catalá y Marta Quiñones, entre otros, han demostrado a cabalidad el efecto adverso para Puerto Rico de esa relación asimétrica. Basta tomar en cuenta las enormes ganancias diarias de megatiendas y cadenas de comida rápida inyectadas a la economía norteamericana, y la obligación del uso de la marina mercante de Estados Unidos por imposición de la Ley Jones.

---

[6] Publicado originalmente en el periódico *El Nuevo Día*, edición del 9 de febrero de 2020.

Conviene señalar como cuestión de hecho, que estados como Alaska y Hawaii, con representación en el Congreso federal, a pesar de su oposición, no han logrado la revocación de la aplicabilidad de dicha ley de cabotaje. Como tampoco el estado de Luisiana logró oponerse exitosamente a la prohibición federal a las peleas de gallos en estados y territorios. Esto, sencillamente, porque la soberanía real descansa en la federación, no en los estados, en rigor, provincias o departamentos.

Esta realidad resulta en problema mayúsculo en un caso como el nuestro, sociedad con idioma, cultura, valores (sí, el ay bendito y la solidaridad) e idiosincrasia diferente.

II.

Nada de extrañar, entonces, que la política puertorriqueña siempre haya girado en torno del problema del estatus, lo cual en el fondo no es otra cosa que el de la ausencia de soberanía.

Para Robert W. Anderson —que le dedicó su tesis doctoral a las particularidades de la política puertorriqueña:

[E]l verdadero caballo de batalla entre los partidos puertorriqueños lo constituye su orientación 'política', es decir, sus respectivas posturas oficiales con respecto a la constitución del estado. (R.W. Anderson,

44

Gobierno y partidos políticos en Puerto Rico -
Ed. Tecnos, 1970, p. 243)

Sin embargo, ocurre algo curioso: hay consenso unánime en que la política puertorriqueña carece de sustancia que le impide trascender de politiquería a política, debido a la ausencia de soberanía; pero, como sostiene Anderson, a pesar de que el asunto del estatus *«adquirió capital importancia en la oratoria política de Puerto Rico mucho antes de que llegasen los nortéamericanos a fines del siglo XIX, sin embargo, no constituye una cuestión de vida o muerte ni un tema lo suficientemente vigoroso para impedir que los partidos políticos se prestasen a seguir el juego normal de compromisos y componendas»*. [Id. p. 244].

En efecto, señala Anderson cómo el Partido Unionista, la Alianza Puertorriqueña, el Partido Liberal y el Partido Popular Democrático adoptaron todos posturas a las cuales se refiere como *«cambiantes, eclécticas, relativistas y acomodaticias»* respecto al estatus.

En sentido análogo, describe Manuel Maldonado Denis que, a partir de 1898, aquellos liberales autonomistas del siglo XIX, los incipientes Partidos Federal y Republicano de Muñoz Rivera y Barbosa, respectivamente, *«lucharán de ahí en adelante por obtener concesiones y reformas mientras llega —si es que llega— la solución definitiva de nuestra condición política»*. (Manuel Maldonado Denis, Puerto Rico: una interpretación histórico-social, Ed. Siglo XXI, 1969, p. 82)

A la altura de este nuevo milenio resulta perturbadora la expresión del viejo maestro de que:

Cuando Barbosa y Muñoz Rivera comienzan a dar vueltas a la noria en 1899, tal vez no concibieron que en el 1968 nos encontraríamos en igual o parecida situación. (Id. p. 82)

De allá para acá ha habido infinidad de vueltas, rodeos, con y sin zancadillas, para, al final, no llegar a ninguna parte.

III.

El fin ulterior de la política es la toma del poder (la discrepancia reside en qué hacer luego con él). No obstante, todo proceso político supone siempre una función didáctica-educativa. Después de más de 500 años de aculturación política colonial, la soberanía política es un imperativo ineludible.

No es lo mismo fórmula de estatus que fórmula descolonizadora. Por eso, equipararlas legitimando la anexión, que es en rigor la culminación de la asimilación, confunde y desorienta.

Un jurista tan libre de sospecha de autoritario, Norberto Bobbio, ha expresado:

En una sociedad pluralista y democrática, en la que las decisiones colectivas son tomadas por la mayoría (de los ciudadanos y sus representantes), se considera interés colectivo lo que ha sido aprobado por esta; pero se trata de una simple presunción basada más en una convención útil que en argumentos racionales (N. B. - Teoría general de la política, Ed. Trotta, 2003, p. 242).

El postergar la apremiante necesidad de soberanía, anteponiendo una vez más como prioridad el atajar los mil y un problemas cotidianos recurrentes, cuya final y definitiva solución requeriría de poder real de decidir, no ilustra, soslaya. Es recurrir una vez más al parche, evadiendo el cambio de la goma averiada. Es política sin cafeína. El café descafeinado no trastoca la somnolencia. La cafeína, en cambio, espabila y desvela.

De viejos caminos para una «nueva política»[7]

El fin ulterior de la política es la toma del poder. Si entendemos por poder la capacidad de producir los efectos deseados sobre los otros, o sea, imponer nuestra voluntad sobre terceros. Lo que, en cambio, no está tan claro es saber de antemano ¿el poder para qué?

Alguien en plan cínico incluso llegó a decir que la política es el arte de evitar que el pueblo se preocupe de aquello que le atañe, que es lo mismo que decir no preocuparse de lo que debiera preocuparse.

Por consiguiente, si bien es cierto que el fin de la política es la toma del poder, en su discurrir, no puede obviarse su incuestionable carácter didáctico-educativo.

La política puertorriqueña, rehén por espacio de más de quinientos años de un intenso proceso de aculturación política, es de esperar que cargue consigo con múltiples taras de perversión política.

Al presente parecería, sin embargo, haberse llegado al consenso de la necesidad del atributo de la soberanía para poder afrontar con realismo y efectividad nuestros múltiples problemas sociales.

---

[7] Publicado originalmente en el periódico *El Nuevo Día*, edición del 30 de diciembre de 2019.

Ya muy pocos ponen en duda que Puerto Rico es una nación. Una nación es el precipitado de generaciones sucesivas que a lo largo del tiempo han coagulado un carácter y personalidad propia. Por esto F. Fanon se refiere a la nación como «una exigencia».

Como es sabido, una nación no significa lo mismo que un Estado. Hay naciones sin estado, como hasta el siglo pasado los judíos y al presente los kurdos y los puertorriqueños.

No se explica, por lo tanto, por qué la política puertorriqueña, emulando al moriviví, persiste en un eterno retorno a aquellos senderos que creíamos hace rato superados de «nuevos caminos hacia viejos objetivos»; ciertamente, de 1946 hasta acá ha corrido mucha agua bajo el puente. Que no se desande el camino recorrido y se recicle aquella referencia a la soberanía de triste recordación:

> *Aunque hoy debiera ser bien claro que la idea de soberanía es de valor relativo y transitorio, se acostumbra todavía exagerar su importancia y tergiversar su significado.* (La nueva Constitución de Puerto Rico, Ed. U.P.R. 1954, pp. 119-120).

La soberanía no es otra cosa que el oxígeno de un Estado.

Sólo por esto resulta imprescindible establecer en qué consiste «lo específico, lo privativo y exclusivo de la soberanía, sin deshacerla y convertirla en sinónimo de cualquier otro modo de dominación política». (Nicolás Ramiro Rico).

Kelsen ha expuesto con claridad diáfana a qué nos referimos por soberanía:

Un orden supremo cuya vigencia no es derivable de ningún otro orden superior. Conforme a esto, carecerá de soberanía aquella comunidad cuyo ordenamiento esté situado bajo otro superior y encuentre en éste su razón de vigencia.

Es por esta elemental razón que las unidades políticas que integran una federación —contrario a una confederación— llámese a estas departamentos, provincias o estados, carecen de soberanía, porque es la unión federal quien la posee.

Siguiendo ese fin didáctico-educativo de la política, es preciso evadir cualquier intento de retorno a aquellos «nuevos caminos» que han traído estos lodos, postergando o tergiversando la imprescindibilidad de la soberanía.

En este sentido, habría que aclarar que no es lo mismo fórmula de estatus que fórmula descolonizadora, que el antídoto de una colonia no es la asimilación a la metrópoli imperial. (Esto, desde luego, a menos que a estas alturas no se considere a Puerto Rico una nación sociológica y/o no se tenga reparo a su eventual asimilación cultural.)

Conviene dejar esto claro desde un principio para evitar malos entendidos luego. Por todo lo cual, equiparar, legitimando de paso, la anexión como fórmula válida descolonizadora —estableciendo como prioridad la atención de los múltiples problemas que aquejan al pueblo puertorriqueño— cuya definitiva solución depende precisamente de contar con el poder soberano, confunde más que ilustra.

Es desandar viejos caminos ya trillados para reincidir en también viejos objetivos. Todo en aras de una llamada «nueva política».

La política, desde luego, participa de tácticas y estrategias, pero también de cuestiones de principios.

La democracia parda[8]

El Diccionario de la RAE define la voz «gramática parda» como aquella «habilidad para conducirse en la vida y para salir a salvo o con ventaja de situaciones comprometidas». Pero, igual que el excesivo esoterismo, suele propiciar equívocos. El simplismo exagerado, en ocasiones, no logra evitar desaciertos importantes. La mayoría de los términos y conceptos son susceptibles a una pluralidad de enfoques y matices, pero hay límites, incluso a estos, para no tornarlos inconsecuentes.

Los conceptos políticos son prueba elocuente. Así sostenía Carl Schmitt:

> «Puede existir una democracia sin eso que se ha venido a llamar parlamentarismo moderno, al igual que puede existir un parlamentarismo sin democracia; por otra parte, la dictadura no es el decisivo opuesto de la democracia, del mismo modo en que tampoco la democracia lo es de la dictadura». *(Sobre el parlamentarismo)*

---

[8] Publicado originalmente en el periódico *El Nuevo Día,* edición del 4 de marzo de 2021.

Qué mejor prueba que el concepto democracia no es inmune a estos peligros. Alguno ha querido ver en el principio de mayoría el sinónimo de la democracia. En principio, la democracia no puede ser reducida al principio de mayoría. A menudo, este principio de mayoría se circunscribe a una decisión, que es una cuestión en esencia cualitativa, a solo un criterio cuantitativo.

Así, para el profesor José L. López Aranguren, la democracia no es un simple asunto estadístico; tampoco un problema técnico, sino ético, y escribe:

> «El pueblo español que aclamaba a Fernando VII, rey absoluto, al grito de ¡vivan las cadenas! no constituye una democracia».
> *(Ética y política).*

A menudo tampoco se hacen distinciones ni salvedades en los diversos principios de mayoría considerados por la doctrina para propósitos distintos. Por ejemplo: mayoría absoluta (más de la mitad de la totalidad); mayoría cualificada (es mayor a la absoluta, pues exige dos tercios o tres cuartas partes de la totalidad); mayoría relativa (exige mayor número de votos sin exigencia de una cantidad específica, ni porcentaje); mayoría simple (exige más de la mitad de la totalidad). (R. Garzaro, *Diccionario de política*).

Rara vez- por no decir nunca- se nos indica que el principio de mayoría, como hace claro la doctrina, no es uno absoluto, que tiene límites.

Norberto Bobbio establece como límite subjetivo de la regla de mayoría el *ethos* de un pueblo: sus hábitos, costumbres, lengua y tradiciones. Y hace claro que se trata de un límite que indica la indisponibilidad, más que lo inadecuado del principio *(Teoría general de la política)*.

Por su parte, Julian Freund distingue «lo político» de «la política», y dice que los malentendidos nacen de la confusión entre ambos como actividad práctica. Afirma que «la política» es una actividad circunstancial, casual y variable en sus formas y orientación; en tanto «lo político», por el contrario, no obedece a los deseos y fantasías del hombre, que no puede impedir ser o no ser otra cosa que lo que es. No puede suprimirlo sin suprimirse a sí mismo, es decir que se traduciría en otro ser *(La esencia de lo político)*.

No debemos olvidar que una nación es una construcción natural, y que, a diferencia de un Estado, no es resultado de un contrato, ni de una convención.

Seguramente, todo esto ha sido considerado en la redacción de las Resoluciones 1514 (XV) y 1541 (XV) de la Organización de las Naciones Unidas: el lenguaje en ambas se refiere a pueblos en lugar de individuos. Así, en el inciso VIII de la Resolución 1541 (XV) se lee en lo pertinente:

> «La integración a un Estado independiente debe hacerse a base de la igualdad completa entre los pueblos del territorio anteriormente

no autónomo y los del Estado independiente
al cual es integrado...».

Solo entendiendo el problema cobra sentido la
solución.

III. Los presupuestos de la descolonización

A. Introducción

Exorcizar dioses y demonios cotidianos[9]

Solamente un dios o un demonio es capaz de vivir al margen de la sociedad (Estado), afirma Aristóteles en *La política*. Con tal aseveración ilustra el maestro la imposibilidad de vida humana extramuros de la sociedad (Estado). Tal cosa como la autosuficiencia individual a contrapelo de la sociedad (Estado) es imposible. La consecuencia para un individuo de la enajenación de su comunidad (Estado) no supone únicamente la imposibilidad física de sobrevivir, sino también la negación de lo que muchos siglos más tarde se llamó proceso de socialización. Puesto que solo mediante la interacción social se forma la persona, al absorber las tradiciones, costumbres y valores de su sociedad, un individuo sustraído de esto no será propiamente una persona, sino un dios o un demonio.

Esta concepción de la comunidad (Estado) como fenómeno natural en su esencia (obviando, claro está, sus significativas y manifiestas omisiones —esclavos y no ciudadanos—) entraña, sin duda, una visión positiva de la sociedad (Estado).

---

[9] Publicado originalmente en el periódico *El Nuevo Día*, edición del 29 de diciembre de 2003.

Esa refrescante naturalidad (del Estado), con el tiempo, se transformó en artificialidad producto de una convención o pacto. Si bien esa artificialidad, como antes desde la naturalidad, reconoce la necesidad del Estado para los ciudadanos, ahora, sin embargo, se le concebirá, no ya como algo intrínsecamente bueno, sino como un mal menor para evitar la guerra de todos contra todos.

Se impondrá desde entonces una visión eminentemente negativa de Estado. Esta culmina con la contradicción manifiesta entre Estado y sociedad civil, que es justo el antónimo de la sociedad política en Aristóteles. Del Estado ser un dechado de virtud cuya única finalidad es la búsqueda de la vida buena para sus ciudadanos, ahora pasará a ser el mal menor que el individuo se ve obligado a padecer. De ahí el Estado mínimo del liberalismo. El mejor Estado es el que menos interviene con sus ciudadanos.

La valoración del individuo sobre el Estado (el individuo es un fragmento de ese universo que es la sociedad) entroniza una concepción y consiguiente interacción atomista en una sociedad cada día más masificada. La metodología social desarrollada bajo la sombra de esa concepción individualista-atomista de la sociedad se muestra impotente para afrontar los retos de una realidad que la desborda y hace crisis.

Y lo peor es que ideas y valores más afines y acordes con esta nueva realidad, valores no reñidos necesariamente con el diseño y arquitectura reivindicativa de derechos, propio del liberalismo de la Ilustración, como la solidaridad o la concepción de derechos colectivos, no encuentran cauce y son ignorados o incluso explícitamente rechazados.

Irónicamente, ese atomismo-individualista que exaltó hasta la exégesis los derechos individuales y negó los derechos colectivos, que fomentó hasta los extremos la llamada libertad negativa, primando un mal uso de la «libertad» por sobre una anémica igualdad, ha sido en gran medida responsable de esa perturbadora presencia de dioses y demonios que tiñen diariamente las calles de esta sociedad de sangre inocente. Conducta antisocial que cada día que pasa quiebra la textura del tejido social donde todos cohabitamos.

No debemos ignorar que esas formas corrompidas de sociedad (Estado) a las cuales también se refiere Aristóteles en *La política* tienen sus protagonistas en los espíritus más débiles de esa sociedad.

Hasta tanto seamos capaces de construir un Estado que responda a las urgentes necesidades de estos tiempos nos va la vida. Es imperativo erigir una nueva legitimidad. Pero, para ello habrá que exaltar como valores la solidaridad y una serie de derechos sociales no reconocidos al presente. Trascender la garantía meramente formal de los derechos, para convertirla en garantía real.

Solo garantizando la existencia de una sociedad más justa, un auténtico Estado Democrático de Derecho, podremos exorcizar los dioses y demonios de la ciudad o, cuando menos, tener más fuerza moral (legitimidad) para reprimirlos.

La individualidad: ¿conquista o perversión?[10]

I.

«La individualidad es una conquista o una perversión de la cultura».

Francisco Umbral
Mortal y rosa

La política a través de los tiempos ha sido el recurso socorrido por excelencia para, por medio de un poder legitimado, procurar afrontar un mundo de recursos limitados y de intereses, ambiciones y codicia humana desmedida.

T. Hobbes, como se sabe, acometió esta lucha de todos contra todos en *Leviatán*, con la sumisión voluntaria del súbdito a un soberano autoritario a cambio de su protección. J.J. Rousseau un siglo más tarde optó por el recurso del contrato social en su libro homónimo, pero con un elemento cualitativo notable: la finalidad de dicho contrato social no se limitaba a procurar la protección de la vida e integridad física del súbdito y de su propiedad, sino a primar y garantizar que imperase siempre —como razón de Estado— la voluntad general sobre el interés particular. Y un siglo más tarde, Hegel, a

---

[10] Publicado originalmente en el semanario *Claridad,* edición del 20 al 26 de octubre de 2011.

raíz de la victoria definitiva de Napoleón Bonaparte en su invasión a Alemania, llegó incluso a proclamar el fin de la historia conocida hasta entonces, concebida como lucha incesante entre amos y esclavos.

Pensaba equivocadamente Hegel que tras la victoria militar de Napoleón se impondría el reinado de los valores de la Revolución Francesa de 1789 (libertad, igualdad y fraternidad). Pero, lo cierto del caso es que la política heredera de estas teorías legitimantes del poder soberano fue primando como valor ese interés particular que Rousseau rechazaba frente a la voluntad general. Esto a la larga redundará en la contradicción entre liberalismo y democracia tan manifiesta a lo largo de los últimos dos siglos y tan evidente y trágica en el presente con la exacerbación (Aristóteles hubiera dicho perversión) de los valores de ese viejo liberalismo transmutado ahora en estos tiempos en neoliberalismo.

Ya en el siglo pasado, C. Schmitt, criatura de otro entorno y, ¡cómo no!, bestia negra del liberalismo, calificaba al sistema democrático de mal fachada del dominio de los partidos y de los intereses económicos, Y H. Marcuse, desde el polo ideológico opuesto, expresaba en su profético *Unidimensional Man* que «la libre elección de amos no suprime ni a los amos ni a los esclavos».

II.

«Antes los hombres luchaban contra los dioses,
ahora luchan contra las instituciones».

Francisco Umbral

La crisis que padecemos e impotentes sufrimos, en buena medida, es atribuible a esta corrupción generalizada consecuencia de esa exacerbación de la individualidad que ha llevado a su perversión como valor. La primacía, el imperio del interés particular —tan denostado por Rousseau en su *Contrato social*— es concebido como lógico y natural desde la óptica neoliberal imperante. El gobierno como árbitro y garante de intereses sociales y económicos en pugna está de más, sobra. El gobierno es una excrecencia, un obstáculo al curso natural de la vida, la supervivencia y, cómo no, éxito de los más aptos. Sencillamente, *"such is life"*. Esta ideología permea la política pública y a sus instituciones. El ciudadano, como individuo, se siente impotente para defenderse. En la antigüedad bastaba un gesto heroico para combatir a un dios. Al presente, no basta la paciencia y buena voluntad de un ciudadano para lograr que la institución pervertida con esta ideología proteja y defienda su interés.

¿Qué hacer entonces? Solo cabe una pregunta política verdaderamente relevante en esta circunstancia. Y esta es: ¿Hay la posibilidad de negar y superar lo existente? Claro está, es la entronización de los hábitos y valores de esta ideología neoliberal en las instituciones que regentan la vida social. Desde luego, buscar respuesta a esta pregunta crucial presupone a su vez descontento e inconformidad con esa situación política prevaleciente, para desear cambiarla. A fin de cuentas, la finalidad del proceso político es el mejoramiento de las condiciones y la calidad de vida de la sociedad, nos lo recuerdan con ahínco los políticos todos los días. ¿O no?

Pero, dando como cierto lo que me parece irrefutable —esa inconformidad y descontento generalizado—, ¿habría la posibilidad real de superarla? En la visión que en definitiva se tenga sobre lo factible o no de esa posibilidad (real) de negar y superar la práctica política existente radica el fondo de la cuestión que ciertamente no es nada frívolo.

De los antiguos a esta parte, pueden trazarse con nitidez dos posturas diametrales en torno de la respuesta a esta pregunta política fundamental. Se han ofrecido dos contestaciones a ella, una pesimista y otra optimista. Los que asumen con pesimismo cualquier posibilidad de cambio de la práctica política vigente caracterizan de utópico cualquier intento de cambiar y superar lo existente.

Ocurre, sin embargo, que, como también afirmaba H. Marcuse: «Las posibilidades llamadas utópicas no son en lo absoluto utópicas, sino negación histórico-social determinadas de lo existente». Piénsese, por ejemplo, que en sus inicios la democracia liberal fue utópica desde la perspectiva del absolutismo monárquico, o que la abolición de la esclavitud también fue utópica desde el punto de vista del esclavista. Por eso, no cabe parangonar la utópico con lo quimérico. Y no parece irreal entonces hablar con propiedad de una utopía operativa o incluso de una utopía realizable.

III.

"Each period or age reviews its social conceptualizations, its ideologies, its myths and its beliefs concerning authority, in the light of its own experience and needs, and evaluates them accordingly."

Richard T. De George
The Nature and Limits of Authority

La realidad concreta presente, que sufrimos y padecemos, se nos figura campo fértil para la feliz persecución de esta utopía realizable. El reto, por supuesto, es inmenso pero realizable. Para poder conjurarlo, habría que comenzar por convencernos de la impostergable necesidad de negar y superar lo existente. De que el heroísmo individual, imprescindible en otros tiempos para poder vencer a los dioses, ¡ay, ya no es un recurso viable en el contexto de una democracia! Esto, en el ámbito del proceso político puertorriqueño, se traduce en la necesidad imperiosa de trastocar y trascender rémoras operativas que lo lastran.

Por ejemplo, en el curso de los últimos años se ha propuesto con insistencia por ciertos llamados «analistas políticos» la opción de votar por candidaturas como supuesto remedio o receta contra la maldad partidista. Esta teoría del *collage* de personalidades en la papeleta del elector, en lugar de las planchas de los partidos políticos, resulta absurda en la práctica. Para ser gobierno, buen gobierno, entiéndase, es preciso tener un programa político (y cumplirlo). El votar por las bondades de tal o cual candidato sin la visión de conjunto de un programa político no redunda en otra cosa que en francotiradores políticos. Para gobernar, simple y llanamente, se requiere un programa político. Esta teoría del *collage* político nos es más que otra exaltación de ese individualismo desmedido que ha traído estos lodos.

Por otra parte, hay que desechar ese vicio del caudillismo partidista tan nocivo y perjudicial en nuestra historia política, efecto también, cómo no, de ese individualismo exacerbado, alimentado y cebado por ese entramado ideológico al que hemos hecho referencia.

La Ley Electoral vigente no permite los partidos coligados. En un universo donde resulta medular obtener una mayoría para hacer gobierno, no se entiende cómo grupos, entidades y partidos que abogan por los mismos valores se resisten a e incluso resienten hacer causa común. Es imprescindible crear en el ciudadano la motivación de la posibilidad real de un cambio (antes se hablaba del efecto multiplicador que ello suponía). La perseverancia en el fraccionamiento terco y obstinado de esfuerzos y voluntades, haciendo profesión de purismo político, trágicamente, ha resultado ser el más letal derivado de ese individualismo exacerbado, el cual es necesario desterrar para superar lo existente y vencer.

B. Identidad

Uso y abuso del concepto descolonización[11]

I.

La política es la pretensión de la organización de la vida social. Esto supondrá siempre establecer cierta adecuación entre el interés del ciudadano como individuo y el interés colectivo de la sociedad. En una sociedad que se precie de democrática, la armonización de estas dos dimensiones de intereses, individuales y colectivos, requerirá su legitimidad. La ausencia de esta por parte del ciudadano sencillamente imposibilitará calificar como democrático el acto, medida o norma que pretenda imponérsele, la cual acarreará siempre una consecuencia, y su falta de acatamiento, una sanción.

El modelo democrático presupone al ciudadano como un sujeto activo y dinámico en contraposición al súbdito, del cual se espera una práctica a tono con la obediencia y la lealtad.

En un entorno colonial, los ciudadanos no tienen el poder de tomar la última decisión sobre su vida y su obra. Esta ausencia de soberanía, que se traduce en falta de poder para tomar decisiones sobre aspectos

---

[11] Publicado originalmente en el semanario *Claridad*, edición del 1 al 7 de marzo de 2012.

fundamentales en ambos ámbitos, individual y colectivo del ciudadano, nos descubre la democracia puertorriqueña como una farsa. La carencia de soberanía nos hace a los puertorriqueños más súbditos que ciudadanos.

La aculturación de la dependencia y el paternalismo, la socialización entronizada en los valores de la obediencia y la lealtad se traducen necesariamente en un actor político pasivo y pusilánime, conducta reñida con el activismo y el dinamismo que cabría esperar según los esquemas del sistema democrático, de un ciudadano en propiedad. Y es que la ciudadanía supone y exige participación y pertenencia, un quehacer compartido entre iguales en derecho. Entonces, por fuerza, la forja de un ciudadano auténtico, es decir no de un súbdito representando falsamente a un ciudadano, requerirá un sujeto descolonizado, un actor soberano, dueño de sus propias decisiones.

II.

El recetario político puertorriqueño históricamente ha formulado tres salidas (no necesariamente soluciones) al problema de ausencia de soberanía del puertorriqueño: 1) la independencia, 2) la autonomía y 3) la anexión a la metrópoli. De éstas, la independencia es, sin lugar a dudas, la que garantiza el poder último de decisión sobre nuestros propios asuntos. La autonomía requiere acuerdos previos sobre competencias y sus límites con el poder metropolitano. La anexión supondría en realidad ser partícipes de una soberanía puramente formal, en la cual los valores en intereses de una nación con una cultura e idiosincrasia diferentes no serían tomados muy en cuenta.

Esto se ha visto de manera elocuente muy recientemente en el ámbito judicial. En el Primer Circuito de Boston, el único juez que abogó por el interés de los viequenses por los daños ocasionados a éstos por décadas de bombardeos de la Marina de Guerra norteamericana fue precisamente el único juez de extracción puertorriqueña en dicho tribunal. Y es que ciertamente resulta una extravagancia hablar de soberanía en una situación en la cual el voto de los representantes de una nación cultural y lingüísticamente diferente se reduciría a dos senadores y media docena de congresistas, en un universo de 102 senadores y 435 representantes.

Esto, claro está, a menos que no concibamos o equiparemos como recurso legítimo de descolonización a la asimilación. Pero, debemos ser conscientes de que la asimilación como recurso de descolonización no ha sido considerada legítima por otros pueblos. Tomemos por caso los vascos y catalanes, «españoles todos», como solía decir Francisco Franco Bahamonde, algo que nos suena parecido a la expresión «ciudadanos americanos todos», como repiten continuamente aquellos que abogan por la anexión a la metrópoli. Ah, que Puerto Rico lleva 100 años y pico bajo la bandera de Estados Unidos, pues los vascos y catalanes llevan más de 500 años y todavía reivindican su idioma y nacionalidad. Y esto aunque están debidamente representados en el Parlamento español, con los mismos derechos que el resto de los ciudadanos españoles, igualdad política por la cual abogan en nuestra nación los propulsores de la anexión.

Pero, a menos que consideremos la asimilación a la metrópoli como recurso válido y legítimo de descolonización —cuando es precisamente lo opuesto, la culminación del coloniaje— deberemos encarar la descolonización no como una mera formalidad. Se trata de algo más: de que la soberanía responda a aquellos intereses, valores y necesidades de la nación que inviste. En otras palabras, que sea una soberanía sustantiva, no meramente formal.

¿Descolonización o asimilación? Esa es la pregunta.

La identidad, la política y el estatus[12]

La reducción de la política a una dimensión preeminentemente individualista, más que un empobrecimiento, supone un contrasentido, cuando no, incluso, una perversión. Su objeto, el ciudadano, ha sido definido desde Aristóteles a nuestros días como animal político, para resaltar su carácter gregario-social. La política antigua, griega y romana, no concebía tal cosa como el individuo y menos todavía un interés subjetivo distinto, ajeno y aparte del de la comunidad *(polis* y *civitas)*.

Como señala Alain de Benoit *(The Problem of Democracy)*, el término *demos* designaba tanto a aquellos que vivían en un determinado territorio, como al territorio como lugar de origen que determinaba el estatus cívico. La democracia era concebida con relación a la comunidad *(polis)* no en relación con el individuo. La ciudadanía en sentido estricto de la palabra entrañaba pertenencia a una patria y a un pasado.

Aun cuando es un tópico de la teoría política, luego, en el siglo 17, las teorías del contrato social (Hobbes y Locke) formulan la primacía de los derechos individuales. Y se niega un principio de permanencia u

---

[12] Publicado originalmente en el semanario *Claridad*, edición del 26 de octubre al 4 de noviembre de 2015.

obligación a la sociedad, concibiéndose esta ahora derivada del consentimiento del individuo, siempre en aras de su interés personal, tanto para Locke como para Montesquieu, la libertad consistirá en poder hacer aquello que la ley me permite.

Habrá que convenir, entonces, que el sentido político de la comunidad, si no ya explícito como en el mundo antiguo, estará implícito en la idiosincrasia, valores y cultura del legislador que ha formulado las leyes que, al decir de los clásicos liberales citados, definirán nada más y nada menos que mi ámbito de libertad.

Premisas tan obvias y descarnadamente omnipresentes en estos tiempos para nosotros los puertorriqueños nos obligan a no olvidar esa inextricable relación entre la identidad y la política. Se gobierna, se hacen leyes por personas sociales que participan de unos anhelos y desvelos afines a un colectivo, en nuestro caso, nación. No se gobierna y legisla en abstracto para individuos genéricos atomísticamente globalizados (léase desarraigados) con un único supuesto valor: consumir y consumir mucho más y mejor. Se gobierna y legisla para hombres y mujeres concretas y específicas, pertenecientes a una comunidad determinada y definida, lo que a su vez entraña una idiosincrasia y cultura singular.

Según Carl Schmitt *(El concepto de la política)*, la concepción y el entendimiento de las decisiones políticas exigen una participación existencial. Solo los mismos interesados pueden resolver entre sí un caso extremo de conflicto. [Quiebra o no quiebra, aplicabilidad o no de las leyes de cabotaje, etc., etc.]. La existencia del extraño implica para Carl Schmitt la negación del propio modo de existir.

Es precisamente por esto por lo cual la anexión a la metrópoli no puede concebirse como solución descolonizadora legítima. La mera formalidad procesal de poder votar y elegir 2 senadores y 5 congresistas en un universo de 102 senadores y 450 congresistas condenaría a Puerto Rico —nación de entronque cultural latino— a ser minoría perenne. Entonces, parece claro que una «soberanía» vicaria (por decirlo de algún modo) no representa una solución real descolonizadora para la nación puertorriqueña, sino, más bien, al contrario, la culminación de la colonización por su inexorable aculturación a la metrópoli.

En estos tiempos que prestamos atención con tanta acuciosidad a los géneros, quizás convendría prestar alguna a la especie o, de lo contrario, estaremos, como siempre, abocados a percatarnos y ser conscientes después del resto del planeta de esta dialéctica de la identidad y la política tan presente hoy en Europa y cuyos vórtices más evidentes son hoy Cataluña y Escocia.

¿Es Puerto Rico diferente?[13]

La política es el continuo y perseverante ejercicio de obtener, practicar y retener el poder. Los científicos políticos, (y algunos políticos también) son conscientes de la significativa función del mito como elemento legitimante del poder. El mito político muchas veces se basa en una alegada diferencia. Como se sabe, durante siglos, los monarcas gobernaban bajo el supuesto de que lo hacían por designio divino.

Con el advenimiento del secularismo liberal en el siglo dieciocho, el mito legitimante para justificar el ejercicio del poder cambió radicalmente. Ahora se hacía ver al gobernante como representante del interés ciudadano, a resultas de una elección libre. Hoy está claro que fenómenos como la institución del cabildeo y las aportaciones multimillonarias por grandes intereses privados a candidatos políticos, avaladas por el Tribunal Supremo de Estados Unidos, muestran el verdadero rostro de esa pretendida democracia. En efecto, nunca fueron más ciertas las palabras de Rousseau, de que el elector se engaña al creerse libre, puesto que solo lo es durante el breve momento de la elección. No bien resultan elegidos sus representantes, el elector —en

---

[13] Publicado originalmente en el semanario *Claridad*, edición del 18 al 24 de agosto de 2016.

palabras del autor de *El contrato social*— vuelve a ser esclavo.

Muy recientemente, las tres ramas del poder metropolitano concertadamente desmintieron lo que en 1953 proclamaron a la comunidad internacional por voz de su embajador en la Organización de Naciones Unidas. Entonces adujeron que, bajo la Ley 600, Puerto Rico había alcanzado la plenitud de gobierno propio. Con esta impostura, Estados Unidos logró que se le eximiera de rendir más informes sobre Puerto Rico a la Comisión de Información sobre Territorios Dependientes.

Por espacio de 64 años, Estados Unidos promovió el mito político de que Puerto Rico había alcanzado la plenitud de gobierno propio. De la misma manera que impuso como requisito para elaboración de una constitución la adopción de un sistema republicano de gobierno y de una Carta de Derechos, y con la misma diligencia que ordenó la eliminación de la sección 20 de esta, pudo también rechazar términos adredemente ambiguos, confusos y por consiguiente altamente desorientadores como la frase "in the nature of a compact" y la traducción de "commonwealth" por Estado Libre Asociado.

Habrá que convenir, entonces, que el ánimo de confundir, más que de aclarar, muestra la clara e inequívoca intención de la metrópoli de incurrir en esta operación de falsa representación.

Así se difundió a los cuatro vientos el mito de un «novel» y único estatuto político. Años más tarde sus regentadores coloniales se referirían a él como «el mejor de los dos mundos».

Otro mito político muy difundido es el de la posibilidad de integración de una nación en otra, USA, que se define a sí misma como «E pluribus unum». Como señala Rafael Garzaro en su *Diccionario de política*: Una federación de estados —como Estados Unidos de América— «es un conjunto de unidades territoriales llamadas estados o provincias que gozan de autonomía, pero no de soberanía. La soberanía está compartida por todas las fracciones en conjunto, pero ninguna es soberana por sí misma».

Una nación es una comunión de espíritu. Puerto Rico es una nación con idiosincrasia y señas de identidad propias decantadas a lo largo de más de 500 años. A decir de don Miguel de Unamuno:

> Lo que determina a un hombre, lo que le hace <u>un</u> hombre, uno y no otro, el que es y no el que no es, es un principio de unidad y un principio de continuidad...

> Todo individuo que en un pueblo conspira a romper la unidad y la continuidad espirituales de ese pueblo, tiende a destruirlo y destruirse como parte de ese pueblo. (Miguel de Unamuno, *Del sentimiento trágico de la vida*).

Afirmaba Toynbee, a propósito de las civilzaciones, que estas no mueren por asesinato, sino por suicidio. Esto, me parece, es también perfectamente extrapolable a las naciones.

En su ponencia a las vistas de estatus de 1965, Juan Mari Bras respondió a una pregunta del senador Miguel Ángel García Méndez:

> Creo, sin embargo, que no hay derecho a integrarse dentro de Estados Unidos porque eso conlleva el suicidio de una nacionalidad, y una nacionalidad es el producto de un proceso histórico que toma siglos y que no tiene derecho una generación dada, no digo yo por mayoría, ni siquiera por unanimidad, a matar esa nacionalidad. (Status of Puerto Rico Hearings Before the United States - Puerto Rico Commission on the Status of Puerto Rico, 1965. Vol. I, p. 148.)

A fuerza de tuerca, luego de la invasión y ocupación de Puerto Rico por Estados Unidos en 1898, se ha sugerido que la anexión e integración a la metrópoli colonizadora constituye una fórmula legítima de descolonización. Sin embargo, en nuestro caso, la descolonización es justo lo opuesto a la desnacionalización. Por esto, en rigor, la descolonización nunca puede ser concebida como desnacionalización.

Los ideólogos de ambos sectores políticos, estadolibrismo y anexionismo, ya de manera explícita o implícita han descansado en el mito de una supuesta diferencia del pueblo puertorriqueño con el resto de los pueblos del planeta.

El estadolibrismo se ufanaba de ser un estatus único y diferente. El anexionismo procura convencernos de que es factible la integración de la nación puertorriqueña en la Federación de Estados Unidos de América, sin el efecto de la desnacionalización de los puertorriqueños. En realidad, la anexión supondría, no la descolonización, sino su culminación.

Los que proponen como solución al colonialismo el anexionismo a la metrópoli hacen malabares dialécticos por hacer ver en el nacionalismo una idea retrógrada del siglo pasado. Esto, desde luego, a contrapelo de la historia. En más de medio siglo, ningún nuevo estado ha sido incorporado a EUA. En el ínterin, múltiples nuevas naciones se han incorporado a la comunidad internacional.

Aunque se pretenda convencernos de lo contrario, Puerto Rico, naturalmente, no es diferente de otras naciones europeas, que todavía en los albores del siglo 21 reivindican con orgullo su nacionalidad.

C. Nación

¿Existe el derecho a la disolución de una nación?[14]

La respuesta de Juan Mari Brás - en aquel momento Secretario General del Movimiento Pro Independencia (MPI) - a una pregunta del entonces senador Miguel Ángel García Méndez, del Partido Estadista Republicano (PER), en ocasión de las vistas de status celebradas en San Juan, no se me ha olvidado. En el transcurso de estos cuarenta y tantos años no he dejado de pensar en ella.

La relectura reciente de dos importantes trabajos de dos autores de muy diferente origen nacional y orientación ideológica: *El atomismo*[15], del canadiense Charles Taylor, y *Beyond Human Rights: Defending Freedoms*[16], del francés Alain de Benoist, han contribuido, en buena medida, a esclarecerme el sentido verdadero y preciso de la contestación del máximo dirigente del MPI al máximo líder del anexionismo para aquel tiempo.

---

[14] Publicado originalmente en el semanario *Claridad*, edición del 18 al 24 de diciembre de 2014.

[15] «El atomismo» en Charles Taylor, *La libertad de los modernos*, Amorrortu editores, Buenos Aires, 2005.

[16] Alain De Benoist, *Beyond Human Rights: Defending Freedoms*, Arktos Media, Ltd, 2011.

Ambos trabajos me han permitido ahondar en las racionalizaciones de la contundente, pero a la vez escueta, expresión de JMB, en el sentido de que a una generación no le asiste el derecho a matar su nacionalidad, siquiera por mayoría.

P. Como ha dicho el testigo, que tiene que ser previamente la independencia, por eso es que le pregunto, entonces: ¿Cree usted que en la estadidad no hay un grado de dignidad en la soberanía del Estado?

R. No, no lo hay.

P. Entonces, según su teoría, tiene que ser de cualquier manera la independencia.

R. No, yo creo que hay derecho, digo y estoy hablando a base de mis valoraciones, yo creo que hay derecho a asociarse con los Estados Unidos y que es digno y posible aunque no conveniente una asociación con los Estados Unidos. Creo, sin embargo, que no hay derecho a integrarse dentro de Estados Unidos porque eso conlleva el suicidio de una nacionalidad y una nacionalidad es el producto de un proceso histórico que toma siglos y que no tiene derecho una generación dada, no digo yo

por mayoría, ni siquiera por unanimidad, a
matar esa nacionalidad.[17]

En su ensayo, C. Taylor aborda y disecciona la imperante conceptualización de los derechos como instrumento para la persecución y obtención de propósitos y fines eminentemente individuales. Esta concepción del uso y significado de los derechos según Taylor se remonta al discurso normativo de las teorías del contrato social de Hobbes y Locke. En estas se afirma la primacía de los derechos individuales, a la vez que se niega un principio de pertenencia u obligación a la sociedad. La pertenencia u obligación con la sociedad era considerada derivada del consentimiento del individuo, en aras siempre de su interés personal.

Desde luego, esta concepción se origina y desarrolla al calor de una circunstancia histórico-político-social muy concreta y especifica: el Antiguo Régimen caracterizado por el poder despótico. Nada que ver con el estado democrático-liberal y menos aún con el estado benefactor, pero la conceptualización de un derecho individual de espaldas al interés social decantado en otro contexto muy particular (el régimen despótico) es una tara que arrastra y lastra el derecho posterior, que ya nada tiene que ver con la problemática histórico-político-

---

[17] Status of Puerto Rico Hearings before the United States - Puerto Rico Commission on the status of Puerto Rico (1965). VOL. I, pág. 148.

social al calor de la cual fue concebido. Y se convierte, como tan bien describe Eduardo Novoa Monreal en su libro homónimo, en un obstáculo al cambio social.[18]

Por su parte, Alain De Benoist nos resalta la dicotomía entre la llamada libertad de los antiguos y la libertad de los modernos, que es ya un tópico en la teoría política. La nota preeminente de la primera sería la participación activa y constante del ciudadano en los asuntos públicos; en tanto la segunda entrañaría como elemento definitorio la salvaguarda del individuo frente a un Estado hostil.

En la libertad de los Antiguos, la comunidad *(polis* y *civitas)* es concebida como una entidad humana natural. Nos recuerda el autor que, para los griegos, los individuos eran tan libres en tanto y en cuanto lo fuera también su ciudad. Cabe recordar aquí a Aristóteles, cuando afirma que sólo un dios o un demonio es capaz de vivir al margen de la sociedad.

En abierto contraste, la llamada libertad de los modernos hace énfasis en el carácter artificial del Estado como resultado de un contrato o convención de individuos, necesariamente concebidos hasta ese momento como entes solitarios a la manera de un Robinson Crusoe.

---

[18] Eduardo Novoa Monreal, *El derecho como obstáculo al cambio social*, Ed. Siglo XXI, México, varias ediciones a partir de 1975.

Llegados a este punto, para propósitos de esta reflexión, no es necesario debatir sobre el carácter natural o artificial del Estado. Lo que resulta crucial, en cambio, es tener muy presente la diferencia entre los conceptos Estado y Nación. Como bien nos ilustra Rafael Garzaro en su *Diccionario de política*, «la nación es base para la constitución de un Estado, pero no son sinónimos. La Nación se define a través de la nacionalidad».[19] Al decir del propio R. Garzaro:

> **Nacionalidad [es un] sentimiento común a un grupo de personas que surge en virtud de estar todas en contacto con unos elementos tales como idioma, territorio, creencias, tradiciones, costumbres, pasado histórico, etc., que hace que se sientan vinculadas entre sí y a la vez diferentes frente a otros grupos. La nacionalidad es categoría sicológica, y no política. Se forma espontáneamente. No es algo que se otorga ni se adquiere racionalmente. Pertenece más bien al campo de lo afectivo.[20]**

Conviene citar aquí el siguiente comentario de Vicente Géigel Polanco:

---

[19] R. Garzaro, *Diccionario de política*, Librería Cervantes, 2da ed; Salamanca, 1987.
[20] Ibídem.

Al ocurrir la ocupación norteamericana de nuestro territorio (1898), ya existía la nacionalidad con todos los elementos básicos que requiere el Derecho Internacional. Sobre una extensión territorial determinada vivía una colectividad social de vigorosa fundamentación histórica. Contaba entonces nuestro pueblo con una población homogénea de un millón de almas, con una definida personalidad histórica; con un idioma común; formada espiritualmente en las enseñanzas del cristianismo católico, con una sólida cultura, entroncada en las más altas tradiciones grecolatinas... No éramos hijos de la improvisación. No había surgido nuestro pueblo al *fiat* de un decreto de la providencia ni por imperativos de conveniencia política.[21]

En resumen, en lo que respecta a una nación, cuna a su vez de una nacionalidad (en nuestro caso la puertorriqueña) esta es el resultado natural de la convivencia de un pueblo que se ha formado a través de los siglos, en los cuales ha coagulado en respuesta a vivencias y experiencias particulares un carácter y

---

[21] Vicente Géigel Polanco, *La independencia de Puerto Rico, sus bases históricas, económicas y culturales*, Ediciones Alfa Beta Chi, U.P.R., Río Piedras, 1943, pág. 27. Hay una edición más reciente (2002) del Congreso Nacional Hostosiano.

personalidad propia. La forja de la Nación, a diferencia de la de un Estado, no es el resultado de un contrato o de una convención.

Esta es la razón de la respuesta de Juan Mari Brás a la pregunta del senador Miguel Ángel García Méndez en las vistas de status, allá para 1965, al afirmar que una generación no tiene un derecho a matar una nacionalidad.

En efecto, hoy a nadie le debería quedar la menor duda de que la descolonización no puede ser concebida como desnacionalización.

¿Desnacionalización como descolonización?[22]

Hubo un largo trecho en la historia de Occidente, en el cual se exigía una explicación coherente de los fenómenos humanos. En el Derecho Político, las modernas teorías del contrato social consideraron imprescindible requerir la legitimidad a la legalidad.

Hace más de dos mil años, el pensamiento humano fue capaz de discernir entre la sustancia y el accidente, entre la esencia y lo accesorio —a separar el grano de la paja—, ejercicio este, por lo visto, menoscabado en estos tiempos.

El accidente es aquello de carácter contingente, o sea lo que no es parte de su esencia. Y contrario a esta, (la esencia) puede prescindir de él, (el accidente), sin dejar de ser o aniquilarse.

Una nación es una construcción natural: es el precipitado, la argamasa de generaciones sucesivas que han coagulado en un carácter y una personalidad propia.

La nación es una categoría sico-sociológica que se define a través del concepto nacionalidad. A diferencia de la nacionalidad, la ciudadanía es una categoría político-jurídica. La ciudadanía es un vínculo jurídico-político entre el individuo y el Estado.

---

[22] Publicado originalmente en el periódico *El Nuevo día*, edición del 30 de agosto de 2020.

A diferencia de un Estado, una nación no requiere, como elemento, de territorio ni de soberanía (Ejemplo: nación judía hasta 1948, nación kurda).

La política puertorriqueña encierra un gran contrasentido. La ciudadanía es considerada un icono; en cambio, la soberanía es atendida como una trivialidad, como algo marginal, accesorio, e incluso prescindible.

Un proceso de descolonización no es otra cosa que la búsqueda de soberanía. (Mi profesor de Teoría del Estado, Rafael Garzaro, se vio obligado a retitular su libro: *Puerto Rico, una Nación en búsqueda de Estado*, con el título más sugestivo y explícito, *Puerto Rico: Colonia de Estados Unidos*); esto para evitar malos entendidos. En su caso, la interpretación de Estado que implica nación soberana por el término equívoco de estado (en rigor, provincias) de la nación nortéamericana.

Conviene resaltar que la teoría política democrática establece la existencia de límites a la regla de la mayoría. El problema se plantea, por lo general, con la pregunta: ¿El principio de mayoría tiene validez absoluta? ¿Es válido en cualquier caso?

(Por ejemplo, en la Federación de Estados Unidos de América no está permitida la secesión de un estado, aun con el voto mayoritario de los ciudadanos del estado en cuestión).

En principio, destaca la doctrina el carácter eminentemente técnico-procesal, y no axiológico-valorativo de la regla de mayoría. Asimismo, distingue entre lo que está sujeto a opinión y lo que no lo está; entre lo negociable y lo que no lo es. Consiguientemente, los valores, los principios, los postulados éticos y los derechos fundamentales son materia no sujeta a opinión y, por ende, no negociable y no sujeta a la regla de la mayoría.

> «[E]ntre los límites subjetivos en la aplicación de la regla de mayoría se cuenta el que se deriva de lo que [...] puede llamarse el *éthos* de un Pueblo: hábitos, costumbres, lengua y tradiciones. Esto se evidencia en el caso de las minorías étnicas que, precisamente, en su calidad de minoría, serían las eternas perdedoras, si el principio de la mayoría se adoptara rígidamente». (Norberto Bobbio, *Teoría general de la política*, Ed. Trotta, Madrid, 2003, p. 462- 489).

> «Es, pues, el pueblo como tal, y no cada una de las personas que lo constituyen, el que posee el derecho de autodeterminación, y los efectos de esta decisión se hacen sentir a la vez, tanto en la colectividad en cuanto tal, como en cada uno de sus miembros.
>
> La autodeterminación aparece así no sólo como un derecho humano... Ni siquiera

como un derecho humano fundamental... Sino como un derecho humano colectivo cuyo sujeto directo e inmediato es el Pueblo, en cuanto colectividad». (José A. Obieta Chalbaud, *El derecho de autodeterminación de los pueblos*, Ed. Universidad de Deusto, Bilbao, 1980, p. 89).

«La teoría constitucional sobre la cual se basa el gobierno de los Estados Unidos no es una simple teoría mayoritaria. La Constitución y particularmente el "*Bill of Rights*" está destinada a proteger a los ciudadanos individualmente y en grupo contra ciertas decisiones que podría querer tomar una mayoría de ciudadanos, aun cuando esa mayoría actúe siguiendo lo que para ella es el interés general o común». (Ronald Dworkin, *Los derechos en serio*, Ed. Ariel, Barcelona, 1984, p. 211).

La descolonización de Puerto Rico no puede concebirse como desnacionalización, es decir, asimilación. ¿Cabría a una determinada generación el derecho a disolver una nación? A diferencia de los individuos, las naciones no se suicidan.

D. Soberanía

La soberanía como urticaria[23]

De tiempo en tiempo, un extraño mal se ceba en los prohombres de la política colonial puertorriqueña y en algunos seudo analistas también. Como saben bien los salubristas, muchas veces la ignorancia y el desconocimiento exacerban el desarrollo de la enfermedad. No es de extrañar, entonces, que, con el concepto de soberanía, piedra angular de la política, ocurra algo similar.

Quinientos y tantos años de desinformación (muchas veces mal intencionadas) es mucho tiempo. El abono de la mentira no cosecha verdades. Por otro lado, para que el conocimiento sobre cualquier materia sea plausible es necesario poner de nuestra parte. Ningún conocimiento, por más pedestre, germina en una cabeza programada por la fobia o sencillamente indiferente. Sea como sea, no es secreto que en Puerto Rico el concepto de soberanía, cuando no ignorado es tergiversado, e incluso esgrimido como cuco. En estos días es chivo expiatorio o cordero de sacrificio de algunos para explicar la derrota del PPD.

---

[23] Publicado originalmente en el semanario *Claridad*, edición del 25 al 31 de diciembre de 2008.

Es curioso, por otro lado, que muchos de los que conciben la anexión a Estados Unidos como supuesta solución descolonizadora abogan por una «soberanía» más menguada incluso que la que tendría en nuestras cámaras legislativas un partido que estuviese allí representado por virtud de la aplicación de la llamada Ley de Minorías. Ciertamente, el poder real de tal representación es nulo. Más aun tratándose de una nación con una identidad e idiosincrasia diferentes. La soberanía de los puertorriqueños bajo la estadidad sería una ley de minoría a perpetuidad.

Carl Schmitt definía la soberanía en términos tan sencillos como el poder de escoger amigos y enemigos. Ese poder de, digamos, no declarar a Cuba o Venezuela como enemigos, no sería posible con la «soberanía» formal y vicaria bajo la anexión.

¿Acaso no decía Sieyés —en la más luminosa defensa de la democracia directa— que, si la nación entera pudiera reunirse y expresar su voluntad, nadie podría disputársela?

En definitiva, a menos que los puertorriqueños rindiéramos la identidad propia, quedaría muy apocada una «soberanía» consistente en los votos de dos senadores y seis congresistas ahogada con los votos de cien senadores y cuatrocientos y tantos congresistas de los 50 estados de la nación norteamericana.

A lo mejor, no lo sé, esta idea de la seudo soberanía como mera formalidad de la anexión como fórmula descolonizadora explica la fobia que produce en algunos la soberanía verdadera, muy lejos de ese facsímil irrazonable que supondría bajo anexión a Estados Unidos.

El miedo a la libertad, al cual Erich Fromm dedicó lo mejor de su pensamiento, les da a ciertas personas un escozor como el de la urticaria. Para combatirlo, solo existe como antídoto el valor y la verdad.

Fobia a la soberanía[24]

Ciento diecinueve años de desinformación no es poca cosa. Las verdades a medias son la consagración de la mentira. No decir toda la verdad es aun peor que mentir. El abono de la mentira no cosecha.

El concepto de soberanía, piedra angular de la política, que no significa otra cosa que el poder supremo y originario de mandar, no ha escapado a este sino. No es secreto que, en Puerto Rico, el concepto de soberanía, cuando no ignorado, es minusvalorado, tergiversado, e incluso esgrimido como Cuco.

A diferencia de los estados confederados, en donde cada estado conserva su soberanía plena, en las federaciones de estados, éstos carecen de soberanía, siendo la Unión o Estado Federado el único ente que la posee. Por tal razón, un constitucionalista tan autorizado como Laurence H. Tribe ha desmentido las pretensiones de una soberanía estatal calificándola de torpe ("clumsy") y engañosa ("misleading") (*American Constitutional Law* – 2d ed., 1988, p. 385).

Como bien señala el profesor J. A. Obieta Chalbaud:

---

[24] Publicado originalmente en el periódico *El Nuevo día*, edición del 17 de abril de 2017.

«Cuando en un mismo Estado se dan dos o más pueblos distintos, uno mayoritario y otro minoritario, con lenguas y culturas diferentes, no se pueden resolver los problemas que crea la diversidad de culturas, por la aplicación del principio de la mayoría, porque la situación de inferioridad en que se encuentra la minoría es, por definición, estable y la protección de sus derechos no puede depender de la buena o mala voluntad coyuntural de la mayoría». (J. A. Obieta Chalbaud, *El derecho de autodeterminación de los pueblos*, Ed. Universidad de Deusto, Bilbao, 1980, p.148).

Para Carl Schmitt, la soberanía entrañaría el poder de un Pueblo de poder elegir a sus propios amigos y enemigos: *[...] mientras un Pueblo existe en la esfera de la política, tiene necesariamente que determinar por su propia decisión, por su cuenta y riesgo, la distinción entre el amigo y el enemigo.* (C. Schmitt, *Estudios políticos*, Ed. Doncel, Madrid, 1975, p. 128). Y más adelante añade lapidariamente: «*Si un Pueblo teme las fatigas y el riesgo de la existencia política, otro Pueblo vendrá que le arrebate esas fatigas y cargue con ellas, asumiendo la 'protección contra los enemigos exteriores' y, con ella, la soberanía política".* *(Id., p. 131).*

La soberanía: algo más que una formalidad de ley

La palabra formalismo tiene significados semejantes en el lenguaje común y en el Derecho. En el lenguaje común, cuando hablamos de formalismo, nos referimos siempre a algo accesorio. A una cosa que en el fondo trasluce más aparente e insustancial que necesaria e indispensable. En tanto, en el Derecho, al hablar de formalismo, se alude a un tipo de enfoque que pretende reducir el análisis del derecho al estrecho ámbito de las normas y los conceptos, y abstraerlo de su materia prima: la vida social. El resultado de tal pretensión, habida cuenta de irreal, es un derecho deformado con una ausencia de correspondencia entre el concepto y la realidad.

Ambos significados de formalismo, como es fácil ver, le prestan mayor atención a la forma que a la sustancia. En la política (y la soberanía es un concepto político), la primacía de la forma por sobre la sustancia, a menudo suele acarrear la injusticia. Únicamente por esto —mostrar solo la forma y ocultar la realidad— no puede constituir la finalidad ni del Derecho ni de la política.

En este fin de siglo, que va siendo pródigo en acontecimientos tan trascendentes como inesperados, se desvela de repente la revaloración de conceptos no hace mucho tiempo tachados. Es el caso de los conceptos de soberanía y nación.

Cando nos referimos al concepto soberanía, nos remitimos a un concepto muy concreto y definido. El propio H. Kelsen (el más importante representante de la escuela positivista-formalista) definía la soberanía como «un orden supremo cuya vigencia no es derivable de ningún otro origen superior. Conforme a esto, carecerá de soberanía aquella comunidad cuyo ordenamiento está situado bajo otro superior y encuentra en este su razón de vigencia. (*Compendio de teoría general del Estado*, cap. I, sec. 18).

Esta definición de soberanía de Kelsen, habrá que convenir diáfana por demás, no da lugar a error: ningún ordenamiento (jurídico-político) sujeto o dependiente de otro ordenamiento superior puede ser considerado soberano. En otras palabras, que ni el Estado Libre Asociado de Puerto Rico (constreñido por la Cláusula territorial, art. IV, sec. 3 de la Constitución de Estados Unidos) ni los ordenamientos de los estados federados de esa Unión pueden, en rigor, ser considerados soberanos.

Sin embargo, a pesar de esta realidad tan manifiesta, aún hay personas que caen en el error craso de afirmar que habría que concebir la anexión de Puerto Rico a Estados Unidos como una solución legítimamente descolonizadora. Aducen estos que de esta manera supuestamente se cumpliría con el requisito de soberanía exigido por la comunidad internacional.

Los que así opinan abordan el problema de la soberanía (piedra angular del convulsionado orden mundial de este fin de siglo) como un mero formalismo. El problema, claro está, es que, al prevalecer en este enfoque la forma por sobre la sustancia, en nuestro caso la nación puertorriqueña queda en el limbo.

Pocos ejemplos ilustran con mayor nitidez la insuficiencia de los enfoques positivistas-formalistas que este caso. Hablar de la soberanía como una simple formalidad normativa, sin tomar nunca en cuenta el sustrato de esa soberanía —la nación puertorriqueña— es hacer castillos en el aire.

La pregunta que procede es, ¿soberanía para quién?, y la respuesta nos parece obvia. El requerimiento de soberanía como elemento imprescindible para la descolonización exigido por la ONU se refiere no al ejercicio de la soberanía por los individuos, sino al ejercicio de la soberanía colectiva, es decir, como nación. Esto sencillamente porque el derecho de la comunidad internacional es derecho de gentes, no de individuos. Bastaría acudir a los convenios y resoluciones dictadas por la ONU para confirmar lo anterior.

Es por todo esto que un estudioso español, Nicolás Ramiro Rico, sostiene con razón que un poder extraño o exterior a un grupo no puede mandar como soberano a ese grupo exógeno:

Pues, un extraño no puede pretender ser soberano en el grupo en el cual es un extraño. Quien no emerge del propio interior del grupo social en el que aspira ser soberano no puede constituir en ese grupo la relación soberano-sustrato. El poder exterior a un grupo no puede mandar como soberano en este grupo. Puede, eso sí, dominarlo; mandar sobre el grupo por medio de su propio poder, pero este poder sobre el grupo —no en el grupo— tiene su fuente en otro grupo social distinto del dominado (Revista de Estudios Políticos N° 46, 1952).

Por todo lo anterior, salta a la vista que la soberanía ciertamente constituye algo más que una mera formalidad de ley.

¿Ciudadanía contra soberanía?[25]

La política puertorriqueña encierra un gran contrasentido. La ciudadanía es considerada un icono; en cambio, la soberanía es atendida como una trivialidad., como algo siempre marginal y accesorio. No se tiene claro, incluso a lo mejor no se comprende, que la ciudadanía no es otra cosa que la encarnación de la soberanía en el ciudadano. Por consiguiente, no se trata de conceptos separados y antagónicos, como algunos quieren hacer ver. Se trata, por el contrario, de conceptos inseparables en cualquier sociedad democrática —o que se precie de serlo— sencillamente porque el ciudadano en una sociedad democrática es el asiento de la soberanía. Por esto, José de Diego afirmaba que «en el derecho público moderno, ciudadanía y soberanía son conceptos recíprocos e inseparables, siendo la soberanía el poder que emana de la ciudadanía y esta es la única fuente de la soberanía». (José de Diego, *Nuevas campañas*).

Hay consenso entre los estudiosos de la teoría del Estado, de que el Estado está constituido por tres grandes elementos: el territorio, la población y el poder soberano. Jorge Jellinck, uno de los más distinguidos cultivadores de la disciplina, afirmaba que estos tres

---

[25] Publicado originalmente en el semanario *Claridad*, edición del 11 al 17 de febrero de 2010.

elementos particulares del Estado se condicionaban mutuamente, por lo que solo es posible aislar a uno de ellos de un modo hipotético, ya que cada cual tiene como supuesto a los demás. De esta dificultad y de la insuficiente observación de su existencia —decía Jellinck— nacen los mayores errores en la doctrina del Estado. (J. Jellinck, *Teoría general del Estado*, Ed. Albatros, Buenos Aires, 1970, pág. 319).

El error de abordar el concepto de ciudadanía divorciado del concepto de soberanía, como se ha apuntado, ignora nada más y nada menos, que al sujeto en el cual esta se asienta en un sistema de gobierno democrático, que es precisamente el ciudadano.

El súbdito se diferencia del ciudadano en que no participa en la formación de la voluntad del Estado. Y añade Rafael Garzaro que «en la misma posición [del súbdito] están aquellas porciones de la población que no participan de pleno derecho en los procesos esenciales del Estado, como pasa a menudo con las poblaciones bajo régimen colonial». (R. Garzaro, *Diccionario de política,* "súbdito")

Llegados a este punto, y recordando siempre la advertencia del maestro Jellinck en el sentido de que los elementos constitutivos del Estado no pueden ser aislados unos de otros, habría que denunciar el intento de abordar el concepto ciudadanía separado del concepto de población. Hay razones, desde luego, que inciden en esta aberración que ha marcado a la política puertorriqueña. En 1917, la ciudadanía norteamericana la fue impuesta a la población puertorriqueña por un procedimiento de naturalización colectiva, en lugar de por un procedimiento de naturalización individual. Como consecuencia de la aporía adoptada en los llamados *insular cases,* explicitada en Downes v. Bidwell, 182 US 1, 287 (1900): "Porto Rico is a territory appurtenant and belonging to the United States, but not a part of the United States..."

El efecto neto de esta interpretación es que el «ciudadano», para hacer valer sus plenos derechos constitucionales, necesariamente viene obligado a postergar y, cómo no, renegar de su territorio natural y de su población también natural y emigrar a otro territorio (en el sentido de la teoría del Estado) e integrarse a otra población que no es su población natural. Este ejemplo ilustra la corrección del aserto de Jellinck; población, territorio y ciudadano son conceptos que no pueden aprehenderse aisladamente.

Por otra parte, el ciudadano, etimológicamente, el hombre de la ciudad, no es un lobo estepario. Según Carlos Thiebaut, la palabra ciudadano apunta a la definición de identidad de los individuos en el espacio público. (Carlos Thiebaut, *Vindicación del ciudadano*, Ed. Paidós Ibérica, Barcelona, 1998, pág.25). En tanto, para Georges Burdeau, resulta capital la manera de ser, la población, los lazos que unen a sus miembros, los fines que se proponen, su sentimiento respecto a los que dirigen y mandan. (G. Burdeau, *Derecho Constitucional e instituciones públicas*, Editora Nacional, Madrid, 1981, pág. 33). Además, como bien señala Eduardo Novoa Monreal, una sociedad no es solo la suma de todos sus individuos, pues también incumbe a esta el ocuparse del bien de las futuras generaciones y los valores que pertenecen a la sociedad. (Eduardo Novoa Monreal, *El Derecho como obstáculo al cambio social,* Ed, Siglo XXI, México, 1997, págs. 90-91).

Lo que he querido resaltar con todo esto es que el concepto de ciudadanía no supone una visión atomista e individualista del ciudadano como sujeto de la soberanía. Esta concepción, me parece, contradice el propio origen del concepto. El hombre político es por naturaleza hombre social, lo que a su vez entraña una naturaleza, un territorio y una población particular. Lo contrario supondría representarnos al ciudadano como producto de generación espontánea. En un vacío. Como un ser sin ningún tipo de vínculo sentimental ni moral con su territorio y población natural. En otras palabras, con su nación.

Ciudadanía forastera[26]

Existe consenso entre los estudiosos de la teoría del Estado, en que este está constituido por tres grandes elementos: el territorio, el poder soberano y la población (adviértase la mención a la población, no al individuo).

En rigor, estos tres elementos aludidos se interrelacionan mutuamente; por consiguiente, no es posible aislar unos de otros, debido a que cada cual tiene como supuesto a los demás.

En Puerto Rico, sin embargo, debido a su relación colonial, opera un fenómeno singular descrito por D. Vicente Géigel Polanco:

La ciudadanía impuesta a los puertorriqueños es ciudadanía sin soberanía, ciudadanía sin nacionalidad, ciudadanía sin constitución.

Por supuesto, hay sobradas razones que inciden en esta aberración que ha marcado en forma indeleble a la política puertorriqueña por más de un siglo. En 1917 le fue impuesta la ciudadanía norteamericana a la población puertorriqueña. El procedimiento elegido: la naturalización colectiva, en lugar de la naturalización

---

[26] Publicado originalmente en el periódico *El Nuevo día*, edición del 28 de febrero de 2017.

voluntaria; el término provisto en la ley para formular oposición (esta debía hacerse explícita, o sea, en sentido contrario a su imposición) las consecuencias para quienes la rechazaran (no poder votar ni optar a cargo público); estaban cuidadosamente articuladas para desalentar su rechazo.

Como resultado de la conocida aporía legal desarrollada en los llamados casos insulares: Puerto Rico es un territorio que pertenece, pero no forma parte de Estados Unidos.

La opción de una ciudadanía con plenos derechos políticos exigirá inevitablemente el desarraigo del ciudadano de su **población** de origen (elemento este natural, a diferencia de la ciudadanía artificial).

El ejercicio de la ciudadanía supone y exige participación y pertenencia, un quehacer compartido entre iguales, entendido en términos no solo formales, sino también materiales. Ello implica derechos no sólo escritos en leyes, sino además honrados y respetados por los «conciudadanos» de otra población racial (a los no blancos se les denomina minorías) étnica y culturalmente diferente.

A decir de Carl Schmitt:

En las decisiones políticas, aún para entenderlas y concebirlas rectamente y desde luego para intervenir y poder enjuiciarlas, es preciso tener en ellas una participación existencial [...] Solo los mismos interesados pueden resolver

Lo que quiero resaltar con esto es que el concepto ciudadanía no es cónsono con una visión atomista del ciudadano como sujeto de la soberanía. Esta concepción contradice su propio origen. El hombre político es ente social por naturaleza. Esto inexorablemente entraña un **territorio** y una **población** particular (léase **nación** en su acepción antropológica-cultural).

Lo contrario supondría representarnos al ciudadano como figura artificial, como accidente de un mero *fiat* legal, sin vínculo sentimental ni moral con su **territorio** y **población** natural. En otras palabras, su **nación.**

Así, para intentar hacer valer sus derechos ciudadanos plenos —al menos en un plano formal y no necesariamente material— el ciudadano está condenado a abandonar su **territorio** y **población natural,** y optar por conformarse a ser minoría eterna en su nuevo **territorio** o asimilarse culturalmente para ser aceptado por el otro.

Con todo, su humillación no garantiza que le consideren como igual.

¿Soberanía para qué? ¿Soberanía para quién?[27]

El perenne asunto del estatus, tan consecuentemente evadido con la trillada frase «el estatus no está en *issue*», no plantea en el fondo otra cosa que el problema de la soberanía, pertinente a ese otro concepto grandilocuente: DEMOCRACIA, cuyo ejercicio desde su invención por los griegos estaba circunscrito a los hombres libres. En los antiguos, como en los modernos, ese ejercicio democrático es incongruente con la dependencia (antónimo de independencia); por esto. Por naturaleza, no cabe hablar de democracia en las colonias ni en los territorios (eufemismo de colonia).

No debemos olvidar que hasta hace relativamente poco tiempo muchos cuestionaban que Puerto Rico fuese una nación, concepto, en rigor, antropológico que no puede ser confundido con el concepto Estado, el cual requiere como elemento inherente el poder soberano. Hoy día, todos los sectores políticos están claros en que Puerto Rico no es un Estado, pero si una nación.

En su ***Diccionario de política*, Rafael Garzaro** advierte que «la Nación se define a través del concepto Nacionalidad» y define nacionalidad como sigue:

---

[27] Publicado originalmente en el semanario *Claridad*, edición del 21 al 27 de enero de 2016.

<blockquote>

<u>Nacionalidad</u>: sentimiento compartido por una serie de generaciones sucesivas de personas, que surge en virtud de que todas están o han estado en contacto con ciertos elementos, tales como el idioma, las costumbres, las creencias, las tradiciones, los modos de vida, el pasado histórico, las proyecciones al futuro, etc.; que hace que se sientan vinculadas entre sí, formando un todo, y a la vez diferentes frente a otros grupos nacionales. La nacionalidad es una categoría sicosociológica, y no política ni jurídica. (R. Garzaro - *Diccionario de política*, 3ra ed. Publicaciones Gaviota, Río Piedras, 2015).

</blockquote>

Convendría aquí recordar que para los antiguos griegos la Polis suponía comunidad, o sea algo más que mera organización política.

Hoy día, el tan mentado en diversos frentes «nacionalismo cultural», para minusvalorarlo, e incluso denostarlo, no es otra cosa que las señas de identidad que definen la nacionalidad. Hoy, desde alguna aula de la U.P.R. vemos resucitar aquella vieja controversia de hace medio siglo de occidentalistas versus puertorriqueñistas para procurar modernizarlo bajo ropajes posmodernos. Pero, como en cualquier pugna, lo verdaderamente importante es a quién beneficia y a quién afecta. Porque resulta evidente que, por definición, la descolonización es incompatible con la asimilación. Sencillamente, esta última es la culminación de la colonización.

Es extraño que a esa identidad que en otras latitudes reivindican hoy con tanto fervor catalanes, vascos y gallegos —ciudadanos todos españoles— y escoceses y galeses —ciudadanos del Reino Unido— en Puerto Rico se le menosprecie y se le tilde de retórica. Todos los nacionales aludidos son ciudadanos de sus respectivos Estados. Lo han sido por siglos y por muchísimo más tiempo desde que a los puertorriqueños se nos impusiera la ciudadanía norteamericana y, sin embargo, lejos de minusvalorar sus señas de identidad, las resaltan. ¿Acaso ignoran estas corrientes posmodernas provenientes precisamente de Europa? No. Pienso, por el contrario, que siempre han sido conscientes de que la diferencia vital con el descolonizador es precisamente lo que justifica una soberanía propia.

Sencillamente, por esto, la descolonización no puede ser reducida pura y simplemente a una cuestión de derecho formal, como pretende el anexionismo.

Y es que el Derecho, como producto humano, inevitablemente participa de la visión del mundo de quien lo promulga y de quien lo aplica, es decir, del Soberano. Esa particular visión de mundo es parte de su identidad. En rigor, no puede calificarse como descolonización la participación vicaria en una soberanía en la cual la nación puertorriqueña sería minoría eterna con dos senadores y media docena de representantes en un universo de ciento dos senadores y cuatrocientos cuarenta y cinco representantes.

¿Qué la anexión nos garantizaría unos derechos progresistas, lo que no podría aducirse *a priori* de la independencia?, como creo haber escuchado a alguien recientemente; ¿qué progresismo cabría esperar de un Senado republicano?, ¿de un ejecutivo a la medida de un Donald Trump o facsímil? ¿Cómo puede olvidarse que fue el Congreso de la metrópoli quien eliminó de un plumazo la sección 20 de la Constitución, la cual reconocía la existencia de los siguientes derechos humanos?: El derecho de toda persona a obtener trabajo. El derecho de toda persona a disfrutar de un nivel de vida que asegure para sí y para su familia la salud, el bienestar y específicamente la alimentación, la vivienda, la asistencia médica y los servicios sociales necesarios. El derecho de toda persona a la protección social en el desempleo, la enfermedad, la vejez o la incapacidad física. El derecho de toda mujer en estado grávido o en época de lactancia y el derecho de todo niño a recibir cuidados y ayudas especiales.

¿Qué progresismo cabe esperar de un Congreso que consuetudinariamente establece una prelación de recursos en favor de la defensa y seguridad antes que de la salud, educación y seguridad social?, ¿de un ejecutivo que le niega el indulto al prisionero político confinado por más tiempo en el hemisferio y probablemente en el mundo?

En definitiva, como es tan manifiesto hoy en Europa, la identidad es elemento inherente e inextricable de la soberanía. Si sustraemos la identidad —que no es otra cosa que el ADN de la nacionalidad— bastaría con comprar un pasaje de ida a la metrópoli para solucionar el problema de falta de soberanía. Eso sí, ello requeriría la asimilación a otra cultura e idiosincrasia. Dicho de otro modo, a asumir otra identidad. Y esto simple y llanamente se llama asimilación, no descolonización.

IV. La falacia de la anexión como descolonización

Humpty Dumpty[28]

En estos tiempos aciagos, cuando parecería no estar claro qué es peor: la crisis o el sometimiento, y se nos vende la estadidad como tabla en naufragio, recuerdo un pasaje de un libro secuela de *Alicia en el País de las Maravillas*.

Se suscitaba allí un singular diálogo entre Alicia y un entrañable personaje:

> **—Cuando yo uso una palabra —dijo Humpty Dumpty con tono despectivo— significa precisamente lo que yo decido que signifique: ni más ni menos.**

> **—El problema es —dijo Alicia— si usted puede hacer que las palabras signifiquen tantas cosas diferentes.**

> **—El problema es —dijo Humpty Dumpty— saber quién es el que manda... eso es todo.**

> **Lewis Carroll,**
> *Alicia a través del espejo*

Los profesores F. Marhuenda y F. J. Zamora en su reciente y formidable libro *Fundamentos de Derecho*

---

[28] Publicado originalmente con el título: **La estadidad no descoloniza**, en el periódico *El Nuevo día*, edición del 2 de febrero de 2017.

Constitucional, (Editorial Dykinson, Madrid, 2016) nos recuerdan las interrogantes básicas del poder político: ¿quién manda? y ¿por qué manda? Ambas se refieren a la legitimidad y justificación del poder. Luego se plantea la pregunta ¿cómo manda? Y añaden que solo hay dos formas de responder: autocracia o democracia. Por último, corresponde determinar ¿qué manda? O sea el contenido de lo mandado.

Respecto a este último aspecto —el contenido de lo mandado— se hace la importante salvedad de que *«lleva implícita... una cuestión relativa a la forma de limitar el poder, no por la vía de los procedimientos formales, sino por la más compleja y complicada de señalar una serie de principios materiales irrenunciables, contra los que no cabe dictar ningún tipo de disposición jurídica, ni adoptar acto alguno que los conculque».*

Estas interrogantes sobre el poder arriba aludidas se muestran perfectas para diseccionar nuestra situación colonial.

¿Quién manda? Estados Unidos de América.

¿Por qué manda? Como resultado y efecto de una invasión militar hace 118 años.

¿Cómo manda?, tan recientemente como el 9 de junio de 2016, lo ha expresado con arrogancia: En razón (que no virtud) de la llamada Cláusula Territorial (Art. IV, sección 3, Cláusula 2).

Estados Unidos ejerce su poder sobre una nación diferente en etnia, idioma y cultura, invadida militarmente.

A pesar de tener un gobierno autonómico constituido en ese momento, no se le tomó parecer. Como tampoco se le tomó años después, en 1917, a su Cámara de Delegados y Comisionado Residente, cuando, en contravención de ambos —únicas instancias representativas de la nación puertorriqueña— se le impuso la ciudadanía norteamericana.

El *marketing* de la estadidad nació en los albores del siglo pasado al palio de las cañoneras. Su engendro estuvo viciado desde su inicio, al concebir erróneamente la federación norteamericana como república de repúblicas, cuando, como es sabido, las partes integrantes de una federación carecen de soberanía, siendo, por tanto, meramente provincias de la unión o Estado Federal.

La venta de la estadidad de allá para acá ha pasado por múltiples variantes, algunas incluso encontradas: «estadidad jíbara», «estadidad para los pobres», estadidad como derecho a una igualdad concebida en términos eminentemente formales, estadidad como fórmula descolonizadora.

Sobre los conceptos de «estadidad jíbara» y «estadidad para los pobres» solo basta acudir a realidades materiales, es decir, no meramente formales, como el presidente recién electo, sus conocidas expresiones sobre razas que no participan de los rasgos caucásicos, y los comentarios (o debiera decir insultos) de los «conciudadanos», al conocer la noticia sobre la presentación del ya natimuerto proyecto de ley de admisión como estado.

Carl Schmitt definía la soberanía como el poder de elegir el amigo y al enemigo.

Vale recordar aquí que las guerras en Vietnam e Irak no fueron guerras declaradas formalmente por el Congreso, sino por el presidente de turno. En consecuencia, los siete congresistas y dos senadores —de Puerto Rico ser estado— nada habrían podido hacer para elegir a los vietnamitas e iraquíes como enemigos a ser combatidos a muerte. Como tampoco pudieron hacerlo aun sin ser estado con Corea.

El tan traído y manido argumento sobre el valor del voto presidencial se desvanece al recordar que en realidad (materialmente) son los 538 compromisarios del colegio electoral quienes eligen al presidente. Estos 538 compromisarios no están obligados a honrar el voto emitido por los votantes (formalmente los mandatarios).

Por otra parte, los 7 congresistas y 2 senadores de Puerto Rico estarían condenados a ser eterna minoría, diluidos en un universo de 435 congresistas y 100 senadores.

Decía el escritor Francisco Umbral, que *«hay ocasiones en que salir maquillado es la manera más sincera de salir»*. Parece claro que el maquillaje de *«la igualdad»* concebida en términos meramente formales se revela inconsecuente, al estrellarse (nunca mejor dicho) contra la realidad social material.

Tal vez por esto decía Memmi en su *Retrato del colonizado* que *«la primera tentativa del colonizado es cambiar de condición cambiando de piel»*. Esto en nuestro caso requeriría borrar la mancha de plátano de toda una nación, solución está peor que imposible, indigna.

El intento de hacer pasar la estadidad por descolonización, cuando es justo lo contrario, asimilación y desnacionalización, es dolo. Descolonización es otra cosa. Es voluntad de ser, no de dejar de ser.

Andrés Jiménez, El Jíbaro, lo resume todo de modo insuperable en *La estrella sola,* cuando canta que *«la estrella de mi bandera no cabe en la americana»*.

El anexionismo y sus falacias

Una de las funciones de la ideología es la de ocultar la verdad, con objeto de dominio: el interés de una clase hecho pasar por el interés colectivo, la libertad de unos pocos hecha pasar por la libertad sin limitaciones, la igualdad puramente formal hecha pasar por la igualdad sustancial o de oportunidades, etc., etc.

Norberto Bobbio

El aspecto mitificador de la ideología ha sido expuesto reiteradamente por los estudiosos. A este respecto ha señalado con acierto Marta Harnecker que «las ideologías no son representaciones objetivas científicas del mundo, sino representaciones llenas de elementos imaginarios; más que describir una realidad, expresan deseos, esperanzas, nostalgias...».

Una situación colonial se da allí donde la soberanía de una nación es ejercida por otra nación. En Puerto Rico, igual que históricamente ha ocurrido en todas las situaciones coloniales, el fermento de acólitos de la situación colonial es desarrollado y fomentado bajo el palio de la nación imperial. Las crónicas que recoge Lidio Cruz Monclova ilustran a cabalidad esa singular interacción entre los incondicionales al poder imperial y los prefectos imperiales a comienzos de este siglo. En efecto, Cruz Monclova desvela en su obra fenómenos análogos a los que se suscitaron en otras situaciones coloniales (*v. g.* los franceses en Argelia, los ingleses en la India, los portugueses en Angola, etc.). No por capricho ha surgido en este siglo una sociología de la colonización (cf. Fanon, Memmi, Césaire, Balandier). Todavía hoy, al pasar las páginas de libros testimoniales como *A Savage War of Peace*, de Alistair Horne, se puede topar uno con fotografías anecdóticas de colonos eufóricos (nativos y franceses) presentando sus respetos al general De Gaulle.

Pero, los tiempos cambian, y luego como constancia de ese periodo histórico quedan unas fotos amarillentas y la vergüenza de la palabra colonialismo. Al convertirse las palabras colonia e imperio en anatemas, los beneficiarios-usufructuarios de la situación colonial se ven precisados a capear los nuevos vientos de cambio con nuevos enmascaramientos ideológicos, ello aunque, en rigor, estos se nos revelen como intentos desesperados por buscar la cuadratura del círculo.

¿Anexionismo expediente descolonizador?

Es evidente que, a partir del momento en que la ONU promulgaba su Resolución 1514 (XV), la condena mundial del coloniaje era un hecho irreversible. Llegaba a su fin una era en la cual para las grandes potencias era cuestión de prestigio llamarse imperios. Ahora, de repente, el orgullo se transformaba en vergüenza. A partir de los años sesenta, esos imperios soberbios renegaban de su cercano pasado. Pero, claro está, como el ceder graciosamente los beneficios provenientes de la relación colonial no ha sido la norma en la realidad, algún poder imperial recurrió al recurso tan socorrido históricamente: el enmascaramiento de la situación colonial. No cabe duda de que Estados Unidos de América marcó un hito en esa dirección, al presentar el Estado Libre Asociado de Puerto Rico como una nación con gobierno propio y, por tanto, distinguible del caso de una situación colonial. De 1953 para acá ha llovido mucho, y ahora en las postrimerías del siglo, Puerto Rico es prácticamente la última colonia importante en el planeta.

Con este trasfondo, ¿cabría concebir la anexión de Puerto Rico a Estados Unidos como una solución descolonizadora?

El contrasentido, en grado superlativo, derrota toda lógica. Solo en la dimensión ideológica, enmascaradora por antonomasia, (recordemos la definición de M. Harnecker, representación ideológica-no objetiva, imaginaria y nostálgica), sería ello posible.

Pero, tarde o temprano esa musaraña nostálgica que conforma el sostén ideológico se da de cara con la realidad objetiva. Son estas las situaciones en que el enmascaramiento de la realidad objetiva en el cual descansaba la ideología queda desvelado y se hace necesario entonces invocar, recurrir a otras máscaras.

Es ni más ni menos lo que aconteció cuando el anexionismo se convenció de que el Congreso no se tragaba una «estadidad jíbara» ("whatever that means"). También se dio una situación similar con la prédica de que «la estadidad es para los pobres». La enorme crisis fiscal en la cual se encuentra sumido Estados Unidos pronto desmereció esa visión de la nación norteamericana como cuerno de la abundancia.

Tachados por fuerza de la realidad objetiva esos dos grandes mitos anexionistas, la «estadidad jíbara» de Luis Ferré y «la estadidad es para los pobres» de Carlos Romero (lineamientos ideológicos estos, que en su día procuraron distinguir al PNP del viejo republicanismo), entonces, ¿qué baraja le quedó al anexionismo? El anexionismo se vio obligado a volver sobre sus pasos al más rancio asimilismo. Habida cuenta del rechazo de los congresistas norteamericanos a la idea, siquiera, de una «estadidad jíbara» y descartada por la crisis fiscal la prédica de que «la estadidad es para los pobres», al anexionismo solo le restó volver a insistir en la cantaleta de que la estadidad representa la igualdad con los ciudadanos norteamericanos de los 50 estados de la unión federal.

Solo que, al hablar de esa igualdad, a manera de buen leguleyo de la escuela positivista, se nos habla, claro está, de una igualdad estrictamente formal.

Igualdad formal e igualdad material

Desde tiempo atrás, la doctrina política hace la distinción entre derechos formales y derechos materiales (cf. Ferdinand Lassalle, *¿Qué es una Constitución?*).

A propósito de la igualdad, dice Rafael Garzaro en su *Diccionario de política*: «La igualdad ante la ley supone que esta da tratamiento uniforme a todos. Esto no es suficiente, sin embargo, para que en una sociedad haya igualdad. Lo que hace falta para que haya verdadera igualdad es que todo el mundo goce de las mismas oportunidades para participar en los procesos que se desarrollan en la sociedad».

El anexionismo, como sabemos, pregona a los cuatro vientos la supuesta bienandanza que supondría la igualdad con los ciudadanos de E.E. U.U. Esa prédica sobre la igualdad se circunscribe, sin embargo, al ámbito formal, y esto, en el fondo, no conlleva mayor relevancia o repercusión. ¿Qué los puertorriqueños podrían votar por el presidente de la nación norteamericana? ¡Qué efecto real tendría el voto de tres millones y medio de puertorriqueños en el océano de votos de más de trescientos millones de norteamericanos! ¿Qué poder real ejercerían dos senadores puertorriqueños frente a cien senadores norteamericanos y seis o siete congresistas puertorriqueños frente a cuatrocientos cuarenta y tantos congresistas norteamericanos?

¿Acaso los afroamericanos y los chicanos no son ciudadanos norteamericanos con todos los derechos formales que le garantiza la Constitución? Esto, sin embargo, no impide que estos dos conglomerados, junto a los puertorriqueños residentes en Estados Unidos (y por consiguiente con plenos derechos formales) resulten los más discriminados en la sociedad norteamericana. La ley les garantiza en el papel unos derechos, pero en la realidad estos no son considerados ni tratados iguales que sus conciudadanos anglosajones blancos.

Los puertorriqueños estaríamos abocados a convertirnos en una minoría más dentro e la sociedad norteamericana. A quien tenga duda sobre esto le bastaría observar la suerte que han corrido los nativos de Alaska y Hawaii, que optaron por la anexión hace ya más de sesenta años. También podrían preguntarse qué poder político real ejercen en la sociedad nortéamericana los nativos de los ricos territorios arrebatados a México, hoy estados: Texas, California, Arizona, Nuevo México.

El dilema de Hamlet

Claro está, siempre cabe la posibilidad de poder optar a esa característica institución norteamericana: el *token*, pero, ojo, las plazas aquí son limitadas y los concursantes deben tener resuelto ya de antemano el conocido dilema de Hamlet: que en este contexto se traduce en dejar de ser latino para transformarse en anglosajón.

Este dilema, con todo lo que conlleva, nos parece debería ser una determinación estrictamente individual. En definitiva, no constituye algo a lo cual debería ser rebajada una nación entera. Juan Mari Bras lo ha expuesto de manera insuperable: toda vez que la nación puertorriqueña es el resultado de un proceso histórico que ha tomado siglos, una generación dada de puertorriqueños no tendría derecho a darle muerte.

El discurso del mito

Al ser desechado del arsenal ideológico anexionista el otrora tan llevado y traído mito de la «estadidad jíbara», por mostrarse este incompatible con las exigencias del Congreso norteamericano, hubo entonces que recurrir prontamente a la búsqueda de otro mito para procurar endulzar lo que supondría la culminación del coloniaje: la anexión. El nuevo señuelo ya tiene nombre: IGUALDAD. Pero, en el fondo, este se nos revela no menos mítico que su predecesor, la «estadidad jíbara». A fin de cuentas, ambos conceptos participan del mismo ilusionismo, pero, qué se le va a hacer, ciertamente, no debe ser nada fácil pretender justificar la consumación del coloniaje a estas alturas en las postrimerías del siglo. Y es que este fin de siglo marca en definitiva la mala conciencia del fenómeno imperialista a nivel mundial. La hora de los nacionalismos y las cada vez más acusadas crisis en estados multiétnicos son prueba elocuente de lo anterior.

La ocupación militar de Puerto Rico por E.E.U.U. en 1898, así como su secuela (léase procesos legitimantes posteriores al calor de su hegemonía) no es posible sustraerlos del origen indiscutible (y nos parece indisputado) del vicio original: un típico acto imperial. A este extremo, piénsese que incluso la tan a menudo celebrada ciudadanía norteamericana fue en su día impuesta a los puertorriqueños sobre la expresa oposición de los representantes electos del pueblo puertorriqueño.

Tampoco es posible ignorar que, al momento de la invasión norteamericana, Puerto Rico constituía una nación, según la terminología aceptada por la doctrina del derecho de gentes.

La definición clásica de nación, acuñada por Manzini, concibe la nación como una sociedad natural de hombres con unidad de territorio, de costumbres y de lengua y con una vida y conciencia comunes.

No debe confundirse a la nación con el estado, ya que, a diferencia de este último, la primera no requiere el atributo de soberanía, pero esto no impide que Puerto Rico sea una nación.

Ahora bien, nos parece que no descubrimos el Mediterráneo al señalar que el considerar o no considerar a Puerto Rico como nación representa, sin lugar a duda, el paradigma que deslinda, ideológicamente hablando, los campos entre independentistas y autonomistas, de un lado, y anexionistas por el otro. Así, para los primeros, el concepto emblemático lo será la nación puertorriqueña, en tanto para los segundos lo será en cambio la ciudadanía norteamericana.

Salta a la vista el matiz contrastante de ambos emblemas. De un lado, la nación como producto natural del desarrollo histórico-social de un pueblo. Del otro, la ciudadanía de una comunidad exógena, en su día, impuesta sobre la oposición de los representantes parlamentarios electos por la sociedad natural intervenida.

Esta ciudadanía norteamericana, fetiche emblemático del anexionismo, es piedra angular del flamante mito de la igualdad, que, como indicábamos al principio, ha venido a sustituir en el discurso anexionista al malogrado mito de la estadidad jíbara.

Como se verá adelante, el mito de la «estadidad jíbara», a diferencia del nuevo mito de la igualdad, postulaba la posibilidad de la anexión política sin la exigencia de la asimilación cultural. Ahora, en cambio, este nuevo mito de la igualdad conlleva un requerimiento inicial: la asimilación o, dicho en otras palabras, la desnaturalización del puertorriqueño.

Debemos confesar que nos sorprende la reducción de que es objeto el principio de igualdad, pero lo cierto es que en el discurso anexionista se enfoca este única y exclusivamente desde un punto de vista jurídico-positivista.

Veamos. Es un hecho que los puertorriqueños somos ciudadanos norteamericanos desde el momento en que E.E. U.U. nos impuso esa ciudadanía por *fiat* congresional en 1917. Sin embargo, a todas luces, para los propulsores del anexionismo, este estatuto no ha sido suficiente para que los conciudadanos norteamericanos consideren a los puertorriqueños como sus iguales. A tal fin, según su visión, sería menester convertir a

Puerto Rico en estado de la unión norteamericana para que, entonces, por arte de magia, los norteamericanos tratasen a los puertorriqueños como iguales (léase no discrimen a los puertorriqueños).

El problema de la igualdad, sin embargo, está lejos de ser tan sencillo. La igualdad, o cuando menos lo verdaderamente significativo de esta, va más allá de las leyes o decretos. Y en lo que respecta a E.E.U.U. ciertamente no hay que tener un doctorado en sociología para saber que allí la igualdad se da, perdonando la redundancia, entre iguales. Se conciben iguales los anglosajones de raza blanca. Los demás son considerados minorías y se les considera marginales.

Los llamados chicanos, los afronorteamericanos, los puertorriqueños que residen en E.E.U.U. son todos ciudadanos norteamericanos y ciudadanos del estado de la Unión en el cual residen, y sin embargo, ¿puede decirse de ellos que son ciudadanos con todos los derechos?, ¿que no son discriminados? La respuesta es obviamente NO. Todos estos grupos son considerados minorías.

La igualdad en la sociedad norteamericana no se reduce entonces al problema de un mero papelito en el cual se lea estado 51; es mucho más complejo que eso. La raza, la idiosincrasia cultural y la religión son elementos inextricables a la igualdad en los E.E.U.U. En suma, para poder optar a esa pretendida igualdad, sería necesario estar dispuesto a cambiar de piel. Y aun así la aceptación no estaría garantizada.

Desenmascaramiento político[29]

El Diccionario de la Real Academia Española (RAE) define desenmascarar como «quitar la máscara... Dar a conocer tal como es moralmente una persona, descubriendo los propósitos, sentimientos, etc. que procuran ocultar».

Desengañar, por otro lado, se define como «hacer reconocer el engaño o el error... Quitar esperanzas o ilusiones».

Pues, bien, comenzando con Sánchez Valle v. Commonwealth of Puerto Rico y Puerto Rico v. Franklin California Tax Free Trust, pasando por los desmanes de **PROMESA** y ahora casi finalizando el año con la prohibición federal de las peleas de gallos, habrá que concluir que estos han sido años prolijos en desenmascaramientos y desengaños.

Para el profesor Nicolás Ramiro Rico, averiguar qué sea la soberanía consiste en investigar lo específico, lo privativo y exclusivo de la soberanía, sin deshacerla y convertirla en sinónimo de cualquier otro modo de dominación política.

Mas, si algo ha quedado ya perfectamente claro es la relevancia e importancia de la soberanía política.

---

[29] Publicado originalmente en el periódico *El Nuevo Día*, edición del 17 de diciembre de 2018.

Habrá que convenir que cualquier pretensión de soberanía, por más disminuida que fuera concebible, ha sido contradicha por las tres ramas constitucionales del gobierno de Estados Unidos.

Asimismo, ha quedado de manifiesto la falacia de una soberanía vicaria en la estadidad. La ley que prohíbe las peleas de gallos por *fiat* federal lo revela de modo elocuente.

Los estados que conforman la federación norteamericana en realidad no son otra cosa que provincias. A diferencia de las confederaciones, que son unidades soberanas, las unidades que componen una federación carecen de soberanía. Durante el siglo 19, en Estados Unidos se disputó a sangre y fuego cuál de estas dos formas organizativas del Estado imperaría, y el federalismo resultó vencedor sobre las confederaciones.

Un constitucionalista tan autorizado como Laurence H. Tribe se ha referido a las pretensiones de una soberanía estatal calificándola de torpes ("clumsy") y engañosas ("misleading").

Por último, la prohibición por *fiat* federal de las peleas de gallos no puede reducirse ni circunscribirse a si estas son buenas o no. La calentura no está en la sábana. Hoy son las peleas de gallos. Mañana El Otro puede decretar que el lechón asado es perjudicial a la salud, que el coquito causa diabetes, tildar el baile de bomba de obsceno, o que la zona histórica del Viejo San Juan obstaculiza el progreso.

Estos tiempos han sido concluyentes: el Estado Libre Asociado no es soberano, y el *E Pluribus Unum* de la estadidad, con dos senadores y cinco congresistas, de cultura e idiosincrasia diferentes, son y serán siempre *"minorities."*

V. El colonialismo en tiempos del neoliberalismo

Reflejo en el espejo cóncavo[30]

> **Max**
> La tragedia nuestra no es Tragedia.
>
> **Don Latino**
> ¡Pues algo será!
>
> **Max**
> El Esperpento.
>
> *Luces de Bohemia,*
> Escena duodécima

Hace dos mil trescientos y tantos años, el pensamiento humano fue capaz de discernir entre la sustancia y el accidente; entre la esencia y lo accesorio. En otras palabras, de separar el grano de la paja, dicho en lenguaje cotidiano, competencia esta, por lo visto, desafortunada en estos tiempos. Asimismo, discernió ese mismo pensamiento (y pensador) entre las formas políticas de gobierno y sus respectivas perversiones.

En la antigüedad, las cosas no resultaban tan simples, obvias o evidentes como pretenden pontificar algunos en estos tiempos desde las cumbres de la tan mentada globalización. Como se recordará, en el «mito de la manzana de la discordia» se le dio a elegir a París entre el poder, la sabiduría o la belleza, y este no dudó

---

[30] Publicado originalmente en el periódico *El Nuevo día,* edición del 1 de junio de 2018.

en elegir la última, encarnada en la bella Helena de Troya.

Hoy en el mundo unidimensional que habitamos (y padecemos) la disyuntiva que tuvo París se simplificaría significativamente optando en su lugar por el poder que se traduce ahora en dinero (sustituyamos a París por Donald Trump).

Simplificaciones excesivas como esta llevaron a Rousseau a lamentarse de que los hombres políticos antiguos hablaban continuamente de las buenas costumbres y la virtud, mientras los nuestros no hablan más que del comercio y del dinero. Ya desde el ocaso del Antiguo Régimen, Joseph de Maistre lo vomita en la frase «¡Qué hedor a almacén!», quizá tan enigmática como inodora a los consumidores felices de estos tiempos, para los cuales, como sentenció Zygmunt Bauman: «Todas las ideas de felicidad terminan en una tienda». De *Homo sapiens* hemos involucionado a Homo pavloviano, o sea, de pensar al mero reflejo.

Si el poder —como ha dicho alguien— se define como la capacidad de producir los efectos deseados sobre otros, la tragedia de todo esto, claro, es que, como bien indica el profesor Fernando Vallespin, el poder ya no está en manos de la política. Se ha desplazado a otros ámbitos libres de todo control democrático. Los derechos económicos están fuera del alcance del Estado. Y, peor aún, los derechos políticos se han reducido al pensamiento monotemático de los mercados desregulados del neoliberalismo. Los derechos sociales

—en la práctica inexistentes *('such is life")*— son remplazados por la obligación individual de velar por nosotros mismos. (Cualquier semejanza con los imperativos de la Junta de Control Fiscal es pura coincidencia).

El escritor español Francisco Umbral se lamentaba de que antes los hombres luchaban contra los dioses, pero ahora luchan contra las instituciones. Claro, para combatir dioses se requiere una alta dosis de heroísmo, bien escaso en estos días.

Ramón del Valle Inclán lo expresó en *Luces de Bohemia:* «Los héroes clásicos reflejados en los espejos cóncavos dan el esperpento».

Dioses y villanos[31]

En el combate contra los dioses siempre aparecía un héroe dispuesto a dar la batalla a vida o muerte. Ahora en los combates contra las instituciones no hay grandes batallas épicas, como contra los dioses. La guerra es más impersonal, menos ardorosa, aunque no necesariamente menos letal y destructiva. Eso sí; hay mucho entresijo, mucho laberinto a prueba de hilos de Ariadna, capaz de desorientar al más avezado Teseo. Contra las instituciones se lucha con formularios, alegatos, abogados, en vez de con espadas y flechas. Pero, cuidado, un formulario mal llenado puede suponer para el perjudicado una derrota más letal que Waterloo.

Al la economía sojuzgar a la política, convirtiéndola en su fiel sierva, empobreciéndola, unidimensionándola, la degeneró inevitablemente. La uniformidad redunda en sencillez, pero esto de por sí no resulta necesariamente beneficioso. Más aun, puede ser contraproducente, incluso negativo.

La ausencia de fogueo, en estos tiempos globalizantes, de batallas épicas contra los dioses

---

[31] Publicado originalmente en el periódico *El Nuevo día*, edición del 11 de abril de 2020.

produce en las nuevas generaciones un desconocimiento de lo trágico. Un embotamiento vital.

Albert Camus, sagaz observador, escribió en sus notas de viaje a Estados Unidos, allá para 1946: «*En este país donde todo está hecho para probar que la vida no es trágica, ellos sienten que algo falta. Este gran esfuerzo es patético, pero se debe rechazar lo trágico después de haberlo visto, no antes*». (*American Journals*)

Curiosamente, apenas un año más tarde, en su novela *La peste*, el mismo autor escribe:

> «*Pero, hay ciudades y países donde la gente tiene, de cuando en cuanto, la sospecha de que existe otra cosa. En general, esto no hace cambiar sus vidas, pero al menos han tenido la sospecha y eso es su ganancia*».

Reflexiones oblicuas a una crisis[32]

Habitamos en un mundo regido celosamente por la economía. En un universo donde el juicio económico se ha entronizado hegemónicamente como valor absoluto y medida de todas las cosas. Tal vez esto siempre fue así, pero en otros tiempos fueron perceptibles grietas, hendiduras, como la conocida expresión de Joseph de Maestre calificando la obra de John Locke como despidiendo un tufillo a almacén, frase en la que muestra su desprecio y desdén por el liberal burgués. (Lo recoge, por más señas, C. Baudelaire en su libro sobre Edgar Allan Poe).

El drama, quizá incluso lo trágico del presente, es la ausencia total y absoluta de, no digo ya revuelta o contestación, sino de un mínimo desconcierto ante este infame determinismo económico que nos arropa y ahoga. Por eso, convendría más temprano que tarde echar a un lado la hoja de egresos e ingresos del contador y echarle una mirada oblicua a esta crisis que habitamos. Esta mirada oblicua nos llevará a su vez a una reflexión heterodoxa, en tanto en cuanto no está definida por el determinismo económico que destila la hoja de egresos e ingresos del contador.

---

[32] Publicado originalmente en el periódico digital www.claridadpuertorico.com, en el 2015

Apartados por un momento de esta, percibiremos con mayor claridad que el signo ominoso de estos tiempos es la degradación. Pero, limitar esta a la degradación económica resulta insuficiente. Hay cosas que sencillamente no son cuantificables económicamente. La mentalidad empresarial que lo impregna todo en estos tiempos parece haber contagiado (¿pervertido) a nuestros gobernantes con virulencia. En su proverbial incultura política, estos son incapaces de ver y entender la diferencia entre lo público y lo privado y los mores y valores inherentes a ambos ámbitos. Y ¡ay! repiten hasta la náusea su deseo de convertir a cada puertorriqueño en un empresario. No sabemos si por ignorancia de esta dicotomía-contradicción entre lo público y lo privado, o como admisión de su ineficiencia.

Lo que sí nos queda claro es que el ideal de un Estado democrático de Derecho, tan presente en la sección 20 de la Constitución de Puerto Rico, abortada por *fiat* del Congreso de Estados Unidos, no puede ser tirada con el agua sucia de lo que el discurso neoliberal prevaleciente, aplaudido por nuestros gobernantes, califica como gastos superfluos o paternalismo del Estado.

La hoja de ingresos y egresos del contador tampoco es recurso idóneo para valorar nuestro patrimonio cultural. La gestión cultural simple y llanamente no puede ser concebida a manera de una empresa comercial. Cabe preguntarse: ¿Cuánto vale un poema de Llorens Torres, de Palés Matos, de Julia de Burgos? Estos no son cuantificables en dólares y centavos.

Y ¿dónde estará el dramaturgo que escribirá *La carreta* en este siglo 21, con la salvedad —tomemos nota— que los demógrafos nos dicen que la emigración ahora no es ya para evitar morirse de hambre? En *La carreta,* René Marqués nos dice por medio de un personaje que la tierra es sagrada. Que la tierra no se abandona. O sea, que su valor tampoco es cuantificable.

Por otra parte, el abandono individual de un problema no se traduce en su solución, sino en su evasión. Más aun cuando, como ha dicho alguien, una sociedad no la constituyen solo aquellos que hoy la componen, pues un Estado viene obligado a ocuparse del bienestar no solo de estos, sino también de sus futuros miembros.

De primera intención sorprende el consenso unánime de los políticos de ambos partidos que han regentado el poder colonial, y son los únicos responsables de esta crisis que hoy padecemos, al reconocer que el problema de fondo se debe a la ausencia de soberanía del Pueblo de Puerto Rico. Pero, la sorpresa en dicha admisión concertada no tarda en desvanecerse, al percatarnos de la visión de unos y otros en lo que se refiere a la soberanía. Unos se adhieren enfermizamente a la permanencia de la llamada Cláusula territorial (Art. IV, sec. 3, cláusula 2, Constitución de Estados Unidos). Los otros abogan por una soberanía que, en aras de una mayor exactitud, habría que calificar de soberanía vicaria. Los representantes de una nación cultural, histórica y racialmente diferente estarán en minoría perpetua, con solo dos senadores y seis congresistas en un universo de 52 senadores y 435 congresistas. Hay que acabar de comprender que el derecho formal y la realidad social son fenómenos distintos, y que ambos no son necesariamente congruentes: si no, que le pregunten al pueblo afroamericano. Como bien señala Norberto Bobbio, la efectividad de un derecho no es un problema filosófico ni moral ni tampoco jurídico.

Entendámoslo de una vez: solo cuando se comprenda el significado cabal —entiéndase no tergiversado o pervertido— de la soberanía, estaremos en posición de dar pasos firmes para *desfacer* este entuerto, no antes.

El Estado en tiempos revueltos[33]

Desde el momento en que finalmente se consumó la tan esperada degradación de bonos emitidos por diversas corporaciones públicas del gobierno de Puerto Rico, comenzaron a escucharse una cantidad impresionante de comentarios y expresiones en los medios. No era para menos, tratándose de una situación novel que había sido anunciada con aprensión apocalíptica.

En un país erigido en torno de la más absoluta y total dependencia, todo esto era de esperarse. Aunque, ojo, a aquellos que nos venden la solución de la anexión como soberanía vicaria. Pues, cabría preguntarles ¿qué hizo el poder soberano, cuya adhesión con tanto afán persiguen, con la quiebra de Detroit?

Pero, decía que el hecho consumado de la degradación de estos bonos de corporaciones públicas ha desatado con razón un tsunami de comentarios, críticas, opiniones y sugerencias. En este *mare magnum*, resalta con marcada profusión una peligrosa tendencia —muy acorde y ¡cómo no, acomodaticia! a la ideología neoliberal— de ver el Estado como mal de fondo de

---

[33] Publicado originalmente en el semanario *Claridad*, edición del 6 al 12 de marzo de 2014.

todos los males. Así, le atribuyen al Estado ineficiencia en grado superlativo en su gestión, e incluso inevitable corrupción.

Tachado desde luego el Estado, la fruta madura, por lógica, cae en la falda de la empresa privada. En ese empresarismo al que desde hace algún tiempo se nos ha querido presentar a manera unidimensional como solución benefactora a nuestra crisis. Hasta se nos presenta casi como consigna: el hacer de todo puertorriqueño un empresario. En otro lugar hemos consignado, como parecería haberse extrapolado el final de la Historia al cual alude Hegel, sustituyendo los ideales de la revolución francesa de aquel por el *laissez faire, laissez passer,* (dejar hacer, dejar pasar) de Adam Smith, por el cual no oculta su nostalgia el neoliberalismo.

Mi maestro Elías Díaz aludía en un libro publicado hace años a esta «ideología de la Maldad estatal», como la calificó.[34] Ironizaba este con acierto el desmedido simplismo que conlleva esta atribución de responsabilidad absoluta de males al Estado:

> Por qué los Estados son tan malos, si los individuos son tan buenos; quién vota, por ejemplo, a gobernantes tan malvados y estúpidos; por qué, incluso los Estados democráticos son tan insensibles,

---

[34] Elías Díaz, *De la maldad estatal y la soberanía popular,* Ed. Debate, Madrid, 1984

reaccionarios y aviesos, cuando la sociedad
civil es tan sana, inteligente y abierta; no se
explica, en fin, por qué los buenos son tan
torpes y débiles para dejarse gobernar así por
los malos más fuertes o más listos, que
controlan totalmente y por todas partes los
estados y sus aparatos de poder.[35]

Como colofón a la cita anterior, quizá bastaría
recordar que, en buena medida, la corrupción en la que
se han visto implicados funcionarios ha tenido como
contraparte a contratistas privados (léase no estatales).
Tampoco, desde luego, hay que olvidar el grado de
responsabilidad de la banca privada, al
irresponsablemente conceder a tutiplén préstamos
incobrables y crear el llamado efecto burbuja
hipotecaria, con sus efectos devastadores.

Po esto, lejos de proponer —como sugiere la
Cámara de Comercio de Puerto Rico— una sociedad del
sector privado y del gobierno, compuesta
mayoritariamente por el sector privado, como medida
para conjurar la crisis económica del país,[36] es
imperativo, como concluye Elías Díaz, la exigencia de

---

[35] Id., pág.11
[36] Ver «Lo que trae a la mesa el sector privado», El
Nuevo Día, 16 de febrero de 2014, p. 6

una crítica estatal pero desde mayores y cada vez más amplios niveles de legitimidad y legitimación.[37]

Por experiencia, deberíamos saber que no es lo mismo solicitar atender quejas y agravios a una empresa privada que al gobierno. Si no, bueno o malo, preguntémonos por qué existe DACO.

Como dice otro refrán popular: «No confundamos la gimnasia con la magnesia». Dicho de otro modo, la expresión de la gran nación, que es o debiera ser el Pueblo Soberano, no puede ser secuestrada, menos aun, sustituida o remplazada por grupos de presión, con la excusa de crisis o situación extraordinaria.

---

[37] Elías Díaz, *op. cit.,* p. 14

La política en los tiempos del postmodernismo[38]

Está de moda hablar del postmodernismo, y aunque no existe absoluta certeza de qué exactamente se habla cuando se alude al término, la flamante etiqueta se le fija a todo con una facilidad asombrosa.

En la política nos parece plausible —claro está, si vamos a entrar en el vértigo del postmodernismo más que como *slogan* frívolo, como definición de un cambio cualitativo sensible— hallar tela de donde cortar. En efecto, opinamos que se pueden apreciar sin mayor dificultad unas particularidades muy significativas en el llamado arte de la política, y que estas particularidades podrían ser abordadas con cierta coherencia, e incluso identificarlas, por qué no, como representativas de la política postmoderna.

La política postmoderna representaría la exacerbación del individualismo liberal. La ideología, o cuando menos el elemento ético comprendido en esta, habría sido erosionado en buena medida por la hiperdifusión de los medios de comunicación de masas (M.C.M.). En estos, múltiples motivos influyen para

---

[38] Publicado originalmente en el semanario *Claridad*, edición del 2 al 8 de octubre de 1992.

imposibilitar la difusión de un asunto más allá de la simple y sencilla superficialidad. El brevísimo formato del anuncio comercial, sin duda insuficiente para trascender más allá de lo meramente aparente, no tardó mucho en subsumir en los M.C.M. a todas las otras esferas no comerciales en principio.

Así los telediarios también sucumbieron a mostrar apenas la apariencia superficial de una crisis o conflicto, sin intentar siquiera explorar sus causas inmediatas. La industria de los M.C.M. sencillamente desarrolló un método, el método impresionista de la noticia. Este método se adoptó, se convirtió en uso y costumbre y se reprodujo con los estudiantes de comunicaciones encargados de reproducirlo. ¡Se creó escuela!

Los M.C.M., después de todo, son un negocio y ningún negocio puede darse el lujo del despilfarro. La imagen basta; lo demás sobra. Todo método tiene un efecto, y el efecto de este fue el ofrecer con pretensión de información unas informaciones que no trascendían nunca, o muy rara vez, de la simple imagen sin ningún trasfondo. Se desinformaba y, de paso, embrutecía a la sociedad civil.

Estos métodos desarrollados al calor de los M.C.M. no tardaron mucho en ser asimilados por el «discurso político». De ahora en adelante, la fuerza de este descansaría, no ya en la persuasión de la exaltación de valores éticos, sino en el poder de simulación o falsificación. Sería la apoteosis de la forma, en detrimento del contenido. El resultado neto: la superficialidad.

Pero, lo más significativo del caso es que el efecto de este fenómeno pone de relieve la evidente perversión de uno de los preceptos angulares que servían de basamento al liberalismo: nos referimos, claro está, al postulado kantiano de que el hombre no puede ser utilizado como medio, que el hombre es un fin en sí mismo.

Parecería irónico, pero ciertamente lo que se advierte en cambio es justo lo contrario: un hombre avasallado por fuerzas que no le permiten siquiera pensar en la posibilidad de poder ser un fin en sí mismo. Y es que en estos tiempos postmodernos la pretensión de recurrir a la razón constituye el mayor embarazo posible. ¡Y he aquí otra ironía: en estos tiempos de triunfalismo neoliberal cobra quizá mayor vigencia que nunca antes la teoría de la enajenación desarrollada por Marx!

A diferencia de la época en la cual Marx basó su teoría, ahora existe el agravante de que los medios de control empleados son menos directos. El empleo de medios subliminales de control le hace aun más difícil el ciudadano cobrar conciencia de la manipulación de que es objeto.

Lo que resulta indignante es que esta práctica de manipulación abierta o solapada que pervierte el sentido del papel del ciudadano en la sociedad civil sea olímpicamente desatendida, o en el peor de los casos, cínicamente celebrada. En rigor, si vamos a atenernos al significado preciso y coherente de las palabras, entonces cabría hablar aquí de demagogia, en vez de democracia. El ejercicio de esta última exige el uso consciente de la voluntad.

Si Nicolás Maquiavelo, primer autor político moderno, concibió en su día a la política como el arte de lo posible, ahora los políticos postmodernos (o al menos sus asesores) se inflan de orgullo al variar la máxima y hacer de la política el arte de lo imposible. Solo que en este cambio de paso transforman la democracia en demagogia.

Las consecuencias del fenómeno, habrá que convenir, son inconmensurables. Nada más baste recordar que la finalidad del proceso político no es otra que conferirle legitimidad al ejercicio del poder del gobierno electo. Ahora bien, aceptada la validez del engaño (dolo) como elemento natural de ese proceso, parecería evidente que la legitimidad de los gobernantes podría cuestionarse, por ser el resultado de un acto viciado. Al fin y al cabo, el contrato social (político) participa de los mismos principios doctrinales que un contrato civil, y en este el dolo produce la nulidad del contrato.

Sea como sea, en este fin de siglo la línea está bien trazada sobre la arena. De un lado figuran los valores que ven en la política un ejercicio inseparable de la razón. Del otro lado, figuran los que conciben al ciudadano, a la democracia y al proceso político como medios para obtener un fin (el poder). De qué lado de la línea dependerá a la postre de si hablamos de democracia o de demagogia...

VI. Epílogo

Pensar en grande[39]

Las coordenadas de la vida política puertorriqueña se bisecan en la dependencia y el paternalismo. La relación se da en dos planos paralelos. La dinámica es la misma en ambos planos. Relación de dependencia–paternalismo entre Puerto Rico y Estados Unidos y del gobierno de Puerto Rico y sus ciudadanos. En estos estrechos márgenes se ha decantado por espacio de cinco siglos la cultura política puertorriqueña. Esto es, la manera de entender, hacer y qué esperar del proceso político.

La pretensión de escapar de este laberinto representará entonces, por fuerza, un acto perturbador del dominio que ha supuesto esta relación dependencia-paternalismo, cimiento de la relación colonial puertorriqueña. Que no se engañe nadie, es en la actitud, el talante ante este fenómeno, donde se separa el grano de la paja, donde se bifurca el camino entre los colonialistas y los descolonizadores. Porque la descolonización real, no como artificio semántico o disfraz, supone, en principio, comenzar a pensar en grande.

---

[39] Publicado originalmente en el semanario *Claridad*, edición del 25 de junio al 1 de julio de 1993.

El problema es que el pensar en grande no encuentra espacio en los estrechos pasadizos del laberinto de la dependencia y el paternalismo. Dentro de este esquema, la facultad humana de objetivar es sencillamente inexistente. Las necesidades y ambiciones se proyectan y perciben solo desde una perspectiva individualista. Por supuesto, esta dinámica resulta mucho más manipulable y supone menos amenaza a los que detentan el poder de dominación en ambos planos: E.E. U.U. – P.R., Gobierno – ciudadano. Nunca fue más diáfana la máxima «en la unión está la fuerza», y su corolario, en la desunión está la debilidad.

Pero, si históricamente en situaciones no coloniales la antinomia liberalismo- democracia ha generado conflictos significativos, como cuando se enfrentan derechos individuales y colectivos, en el contexto ya de una situación colonial esta pugna llega a tornarse en una contradicción. Un distinguido jurista chileno, Eduardo Novoa Monreal, ha resumido con acierto el problema que desvela esta tensión entre liberalismo y democracia, señalando que «el bien colectivo que el Estado debe procurar no es igual al bien individual de cada uno de los individuos que lo forman».

Tiene razón el jurista chileno. La suma aritmética de pequeños intereses particulares no redunda necesariamente en una cualidad superior. Acaso más bien la frustra. La dimensión egoísta del yo, empantanada en la gratificación inmediata, posterga demasiado a menudo la dimensión colectiva del bien común. Claro está, enfocada exclusivamente desde esta dimensión egoísta del yo, la mirada a la dimensión colectiva causa vértigo y suele llamársele sacrificio.

Más, en rigor, hay aspectos que no son susceptibles de ser legitimados y validados por el expediente electoral. No hay que olvidar que la muerte de Cristo fue decidida en una consulta popular y que en su detención medió el interés individual de un hombre mezquino y temeroso que le entregó a cambio de treinta monedas de plata.

Hurgando en esta contradicción entre interés individual e interés colectivo que se manifiesta con tanta nitidez en la situación colonial, recordamos la ponencia de Juan Mari Bras en la vista de la Comisión de Status celebrada en 1965. Afirmaba este que, toda vez que la nación puertorriqueña había sido el resultado de un proceso histórico de siglos, una generación dada de puertorriqueños no tendría derecho a darle muerte.

A nuestro modo de ver, esta expresión de Mari Bras aprehende a cabalidad lo que hemos intentado referirnos cuando decimos Pensar en Grande.

Derrotar el nihilismo[40]

Estamos atrapados en el medio de la tormenta. Varados en el cenit de una crisis terrible, que en realidad no nos es exclusiva, pero que la carencia inmediata de medios materiales y espirituales para atajarla la magnífica enormemente. Parecería, en efecto, que nos hallamos insertos en esa «Noche del mundo» a la cual hace referencia el joven filósofo italiano Diego Fusaro:

> "La noche del mundo es una época en la que la oscuridad está tan presente que ya ni siquiera vemos la oscuridad en sí y, por lo tanto, no somos conscientes de esa oscuridad. Heidegger lo expresa, diciendo que 'es la noche de la huida de los dioses', en la que ya ni siquiera somos conscientes de la pobreza y la miseria en la que nos encontramos."
>
> www.elconfidencial.com
> (29/06/2019- actualizado 01/07/19)

Sin duda, es una situación alarmante en la cual esa inconsciencia del fenómeno que se enfrenta es más importante que la posibilidad material de poder abordarlo y conjurarlo. Porque para poder estar en

---

[40] Publicado originalmente en el periódico *El Nuevo día*, edición del 10 de abril de 2021.

posición de aprehender un problema es necesario, antes, ser conscientes de su existencia y de su efecto. Sólo entendiendo el problema se está en posición de poder afrontarlo.

Lo trágico probablemente ha estado presente hace mucho tiempo, pero alguien ajeno al fenómeno, que se confronta de repente con él, está capacitado para verlo con mayor claridad.

En medio del vórtice de la tormenta es cuestión de vida o muerte, de supervivencia, aferrarse a la tabla en el naufragio. Estos no son tiempos de actuar a manera de Robinsones a la deriva. Las amenazas, los peligros, se afrontan colectivamente. No se azuzan o exacerban diferendos en tiempos de peligros inminentes.

De la noción de individuo aislado, sin pertenencia, surge la idea del idiota (ilota) (ver <u>Alain de Benoist, The Problem of Democracy</u>).

Puerto Rico es aún nación muy joven decantada en el siglo XIX (a diferencia de la nación judía, constituida en Estado en 1948, o incluso de los Estados creados recientemente, a raíz del desmembramiento de Yugoslavia). En estos tiempos, el propiciar diferendos en señas de identidad e imaginarios colectivos, los cuales, a falta de soberanía, mejor o peor, han sido valladar a la disolución, desintegración, asimilación, o como quiera llamarse, tiene el efecto inintencionado —lo sabemos— de torpedear la tabla en el naufragio, dejándonos huérfanos de asidero. No hay que abonar el nihilismo.

Decía antes que ser consciente de los medios espirituales es más importante que disponer momentáneamente de medios materiales para bregar con la crisis. Ser ciegos a causas y orígenes no cura, sólo alivia por un momento.

Los dos grandes vicios del colonialismo puertorriqueño, la dependencia y su efecto, el paternalismo no se solventan con mayor y mejor consumo. La vida buena no termina en una tienda. «El espíritu está por encima de la billetera». (Emilio Alcázar).

Don <u>Salvador Brau</u> cuenta cómo allá para el siglo XVII, un médico puertorriqueño, Francisco Oller, al surgir una epidemia de viruelas que hizo estragos en Europa y Puerto Rico, no dudó en adelantarse a la espera de ayuda del imperio. Viajó a la Isla de Saint Thomas, (danesa en ese tiempo), donde obtuvo la vacuna del inglés Eduardo Jenner. En veintitrés días fueron vacunadas 1,557 personas.

Cuando el emisario del rey de España, Carlos IV, arribó a la Isla, se encontró que ya un ilustre puertorriqueño había tomado esa iniciativa. Dicen que no le sentó nada bien. (<u>Salvador Brau</u>, <u>La colonización de Puerto Rico</u>, apéndice IX).

El ejemplo (nunca mejor dicho) que nos expone el historiador en su libro resulta en extremo ilustrativo en estos tiempos:

Contradice éste la dependencia y el paternalismo, el enriquecimiento/corrupción, además de revelarnos que, entonces, la fuerza está en el país.

El espíritu de Lares[41]

Lares 1868 es la antipolítica de esa política de confeti y carnaval que ahoga a la política puertorriqueña hasta la náusea. Esa «política» (en rigor, politiquería) de caritas nuevas y de carencia proverbial de ideas, igual que los certámenes de belleza. La cabeza hueca de la cara nueva no tarda en desvelarse en toda su desolada vacuidad, o sea, a envejecer prematuramente. Y entonces una vez más comienza la afanosa búsqueda de otra cara nueva. Es el cuento de nunca acabar. La pesadilla interminable. El conformarse con ir tirando a duras penas en contra del tiempo, del cuatrienio. El trapicheo a corto plazo.

La política, ay, es otra cosa. Es proyecto a largo plazo, intento de plasmar teorías e ideas ya decantadas, no improvisación diaria.

Lares 1868 es, no cabe duda, la cima de ese proyecto político aún no superado. Su antecedente fue nada menos que «Los diez mandamientos de los hombres libres» de Ramón Emeterio Betances. Y su común denominador era/es precisamente el eslabón perdido necesario para transformar a esta politiquería perpetua que ha traído estos lodos en política.

---

41 Publicado originalmente en el periódico *El Nuevo día,* edición del 23 de septiembre de 2003.

Desde luego, ese eslabón perdido no es otro que la SOBERANÍA. SOBERANÍA no es otra cosa que el poder de la nación para gobernarse. En un régimen democrático, ello supone y exige, en el mejor interés de sus ciudadanos. Esto requiere un Estado construido a imagen y semejanza de nuestras propias y auténticas necesidades, sin «defensas comunes» trocadas en agresiones comunes, respondiendo a los intereses propios de un imperio, no de una nación de 100 x 35 millas. El poder inherente de elegir quién es el amigo y quién es el enemigo, sin la imposición veleidosa del *cowboy* de turno que funja de presidente.

Lares 1868 fue esa verdad revelada cincelada en la montaña. Fue la política como acto de desprendimiento, sacrificio y desinterés material. Lares 1868 es la insignia roja del valor y del coraje, pero también de la vergüenza.

Tal vez, sencillamente, porque no puede haber verdadera política sin SOBERANÍA., porque sin SOBERANÍA nunca se trasciende de la politiquería. Lares es la agenda inconclusa. Hay que volver al espíritu de Lares.

Mesa de Lares[42]

Creo no equivocarme; más aún, estoy convencido de que existe un consenso en el país de que Puerto Rico es claro ejemplo de una situación colonial que ha hecho crisis. Una crisis se produce cuando lo viejo no acaba de morir y lo nuevo aún no acaba de nacer. Es ley de vida que todo lo que nace muere. Lo terrible, sin embargo, es ese interludio entre la vida y la muerte, cuando la cosa empieza a deteriorarse, degenerarse, corromperse.

Decisiones recientes de la judicatura y la legislatura de la metrópoli, que huelga reseñar, revirtieron el estatuto político de Puerto Rico a tiempos pretéritos a la Ley Foraker. Nunca fue más cierta aquella expresión del jurista alemán Kirchmann: *«Tres palabras rectificadoras del legislador convierten bibliotecas enteras en basura»*. De repente —como en el cuento infantil de Andersen, *El traje nuevo del emperador*— se desnuda a la vista de todos cruda y descarnadamente la miseria colonial.

Más de cinco siglos de coloniaje es mucho tiempo. Sus efectos en generaciones de puertorriqueños son imponderables: falta de autoestima, sentido de

---

[42] Publicado originalmente en el semanario *Claridad*, edición del 26 de abril al 2 de mayo de 2018.

inferioridad con el colono, dependencia (antivalor este opuesto a la independencia). Se traducen todos en miedo a la libertad, que a decir de Paul Nizan, no es otra cosa que *«el poder real y la voluntad de querer ser uno mismo»*.

Es evidente que revertir el sedimento de siglos de aculturación colonial no es tarea fácil. Pero, por otro lado, desprovista de maquillaje y velos encubridores, se palpa con menos dificultad la realidad colonial que se sufre y padece. Como aquellos procónsules del imperio romano, los miembros de la criatura del Congreso de la metrópoli —PROMESA— solventan sus astronómicos gastos operativos con las rentas de la colonia en bancarrota. Y en no poca medida la tan cacareada ayuda federal a su colonia a raíz de los destrozos de los huracanes Irma y María recuerdan aquella vieja economía de las haciendas, en las cuales emitían su propia moneda con la cual pagaban el salario a sus trabajadores, y obligaban luego a estos a gastarlos en la tienda de su propiedad, en la hacienda. En efecto, un auténtico ejército de *carpetbaggers* provenientes del norte son los beneficiarios de los grandes contratos federales. En tanto, otros hacen fila para adquirir a precio de ganga todo aquel patrimonio de que el gobierno de Puerto Rico —o, peor aún, la Junta de Control Fiscal— proponga deshacerse. En definitiva, este apretadísimo recuento de eventos que cobra más fuerza cada día, es fiel reflejo de la descomposición de la relación de servidumbre colonial que hemos sufrido y padecido por espacio de más de cinco siglos.

El diagnóstico es claro. Su remedio no lo es menos. El antónimo de dependencia es independencia. El discurso estadoísta diagnostica correctamente el mal, pero yerra en el remedio. La desnacionalización que exige la anexión, con su requerimiento *E Pluribus Unum* es lo opuesto a la descolonización. Su teoría es que todos nuestros males desaparecerán como por abracadabra con la estadidad. Es como la concubina maltratada a diario por su pareja, que piensa que su maltrato terminará, una vez formalizado su matrimonio.

Puerto Rico es una nación, con lengua, cultura, valores e idiosincrasia diferentes de la anglosajona. En la *realpolitik* hay que distinguir entre la igualdad formal y la igualdad real. En rigor, no puede calificarse como descolonización la participación vicaria de una soberanía en la cual la nación puertorriqueña seria eterna minoría con dos senadores y cinco congresistas en un universo de ciento dos senadores y cuatrocientos cuarenta y cinco congresistas. Pero, ya hay quien incluso abandona el argumento de la representatividad, sugiriendo tímidamente hacer de Puerto Rico un condado de la Florida, en caso de la inviabilidad de la estadidad.

En todo caso, el cambio de piel al cual se refiere Memmi, como metáfora de la asimilación de cuerpo y alma, representaría una opción individual (para la cual bastaría el precio de un pasaje), no el suicidio colectivo de una nación. Llegados a este punto, donde van conjugándose la situación objetiva y la situación subjetiva, resulta imperativo preguntarnos ¿qué hacer?

No son éstos tiempos para emular al «convidado de piedra». Irónicamente, ha sido el partido anexionista, quien en varias ocasiones ha expuesto que se propone crear una crisis a la relación colonial. Allá para la década de los años sesenta el independentismo organizó la **Mesa de Lares**. Este instrumento procuraba formar consensos mínimos entre la diversidad de las organizaciones independentistas. Los tiempos son propicios para retomar esa iniciativa. El primer punto de consenso debería dejar claro que no es posible considerar la desnacionalización como descolonización.

La mesa está servida.

Ricardo Alegría Pons

San Juan de Puerto Rico, 1949

Egresado de la Facultad de Ciencias Sociales Ramón Emeterio Betances y de la Facultad de Derecho de la Universidad de Puerto Rico. Ejerció la profesión como abogado de El Pueblo de Puerto Rico por espacio de 38 años.

Figura en las antologías de ***Cuentos 17 del Taller ICP*** (1978) y ***Escritos de Gaveta Colegio de Abogados*** (2021).

OTROS TÍTULOS POR EL AUTOR

¿DEMOCRACIA EN LA DEPENDENCIA?
Ediciones Compromiso, 1982 (Libros787.com)

***PASIÓN Y AGONÍA DEL PROCESO
POLÍTICO PUERTORRIQUEÑO***
Ediciones Compromiso, 1984 (Libros787.com)

LOS HOMBRES DE PROMETEO:
Notas para una filosofía de la independencia

Ediciones Compromiso, 1988 (Libros787.com)

RITOS DE INICIACIÓN
Ediciones Compromiso, 1989 (Libros787.com)

CRÓNICA SUBLIME DE LA COTIDIANIDAD
Ediciones Compromiso, 1992 (Libros787.com)

HIJOS DE LA ANGUSTIA
Ediciones Compromiso, 2004 (Libros787.com)

***PASIÓN Y AGONÍA DEL PROCESO
POLÍTICO PUERTORRIQUEÑO***
Reeditado: Ediciones Puerto, 2007 (Amazon.com)

ARTÍCULOS INSEPULTOS
Ediciones Puerto, 2007 (Amazon.com)

ARTÍCULOS INSEPULTOS
Ediciones Puerto, 2007 (Libros787.com)

***MATERIALES PARA UN DERECHO
POLÍTICO PUERTORRIQUEÑO***
Ediciones Compromiso, 2013 (Libros787.com)

EDICIONES COMPROMISO
San Juan
Puerto Rico

www.ingramcontent.com/pod-product-compliance
Lightning Source LLC
Chambersburg PA
CBHW051051250726
48656CB00001B/263